T0113584

EL OCASO
DE MIS
PENSAMIENTOS

EL OCASO DE MIS PENSAMIENTOS

MANUEL HURTADO E

Número de Control de la Biblioteca del Congreso de EE. UU.:   2023905908
ISBN: Tapa Blanda   978-1-5065-5001-5
             Libro Electrónico   978-1-5065-5000-8

Información de la imprenta disponible en la última página.

Fecha de revisión: 22/03/2023

Para realizar pedidos de este libro, contacte con:
Palibrio
1663 Liberty Drive
Suite 200
Bloomington, IN 47403
Gratis desde EE. UU. al 877.407.5847
Gratis desde México al 01.800.288.2243
Gratis desde España al 900.866.949
Desde otro país al +1.812.671.9757
Fax: 01.812.355.1576
ventas@palibrio.com
850074

Prólogo

Darme la oportunidad de escribir algo sobre un autor extraordinario y a una de sus obras literarias extraordinarias es un gran honor que no pude rechazar y, de hecho, me ha desafiado a hacerlo con lo mejor de mis conocimientos y sentimientos, y con una opinión imparcial.

Este gran escritor ha escrito varias obras literarias utilizando su talento único para construir una historia según su pensamiento, sentimiento, conocimiento y punto de vista de diferentes acontecimientos, personas, lugares y experiencias. Es una persona común a los ojos de la gente, pero está haciendo obras extraordinarias de arte en la literatura que entusiasman a los lectores utilizando su técnica única para escribir historias en forma de prosa y poesía que da vida a la obra.

Las obras más notables del autor son los siguientes: "La Patria es Primero", "El juramento", "Margarita y su Cuba adorada", "Mis pensamientos", "Más de mis pensamientos", "Un Mundo de Pensamientos", "Algo más de mis Pensamientos", "En el otoño de mis pensamientos", y "El rincón de mis pensamientos".

En este año 2023, mi gran verdadero amigo, muy humilde y autor nuestro, el Ing. Manuel Hurtado E., ha decidido de ofrecernos su última obra literaria intitulada, "El Ocaso de mis Pensamientos" en donde él ha logrado a mostrarnos en cómo expresarse en sí mismo por medio de sus mágicas palabras. También, expresando su sentimiento y simpatía no solamente a su patria amada, México sino también a toda la raza humana.

Alberto Loyola
Professor IT- CTU Philippines, Asesor Editorial

Amarnos u odiarnos   11-11-21

Amarnos ha sido un verdadero tormento que hoy veo,
con tu desamor me obligas a huir de ti,
para huir de este mundo, de esta vida contigo,
porque veo que para mí hay tanto dolor por tus odios,
que es ya inconcebible que yo creé en mi mente el amor,
y tú creando en nuestra realidad las diferencias,
como las que me expresas con tus odios y rencores,
por eso ya en mi mente y mi corazón no hay fantasías,
fantasías de amor como las que me hiciste crear,
que fueron años de no entender tu frialdad,
que tus entregas de amor eran como cumplir un contrato,
que no había nada de amor ni hermosos sentimientos,
todo lo que me imaginaba contigo al amarnos era falso,
y es ahora después de tantos años que he descubierto lo que hay,
que hoy entiendo que en ti sólo había rencores, no amor,
que sólo era asco lo que a ti te hacía sentir,
por eso hoy que la muerte está en mi puerta rondándome,
la estoy abriendo para huir de ti e irme con ella,
para que así se realicen tus sueños de no volverme a ver.

¿Quién como tú?   16-11-21

Si te voy a perder déjame reencontrarme con el mundo,
porque perderte no será fácil para mí,
te amé, te idolatré por mucho tiempo,
y hoy deseas abandonarme para hundirme más,
tú sabes que amarte fue lo más bello de mi vida,
y que pensar en perderte no creo que sea fácil para mí,
el pensar que tú hayas encontrado una vida mejor,
escucho hoy las mejores melodías para no dejarte ir,
pero ninguna te detiene ni te conmueve
porque solo tú engrandeciste mi vida y en ti todo lo había,
amor, pasión, sueños, ambiciones, misterios por encontrar,
todo en ti tenía un maravilloso porqué y hoy sin ti nada habrá,
mí vivir se esfuma sin tu amor, nada de lo idealizado habrá,
cómo podré vivir sin metas o proyectos,
y porque veo que a ti nada te conmueve de mí, que tu silencio
me podrá quitar la vida porque ya no habrá voces que alegren o me
amarguen, piensa como yo, que después de tanto amor,
hoy la vida como digo se me esfuma sin ti,
cómo podré encontrar esas noches de amor que tú me diste,
y queriendo pagarte por todos tus sacrificios que hiciste por mí,
veo que nada, nada aceptas de mí que deseo hacerte comprender,
que con tu abandono sólo la muerte predominará en mí,
ya que nada habrá ni un más porque vivir,
que tú fuiste y eres la historia de amor para mí,
que no es así como yo la deseo que termine.

Tú la gran mujer 16-11-21

Cómo no amarte si tus palabras me enamoran,
si tus sonrisas alegran nuestros días,
y más cuando inspiras en mí el amor con tu imagen,
cuando mi ansiedad se transforma en amor hacia ti,
si con tus sonrisas me incitas a besar tus labios,
cómo no vivir enamorado de ti con tantas cualidades,
cuando tus insinuaciones me abren tu corazón,,
y es cuando todo mi ser se abre a ti,
para enamorarte y conquistar tus sentimientos,
que hoy tus palabras me suenan como un eco de amor,
porque es así como escucho tu hermosa voz,
que he vivido a tu lado con grandes momentos,
momentos que nos llevó a viajar y amarnos en los viajes,
que hoy a tu lado todo reverdece por ti,
porque eres el ser más inspirador y creativo,
que todo lo conviertes en grandes alegrías,
que tu trabajo por nuestras vidas es grandioso,
porque cuidas hasta la más pequeña de nuestras necesidades,
para convertirlas en nuestras alegrías,
que a tu lado no existe ni la miseria,
ni el mal humor porque siempre cantas para hacernos vivir
a tu lado como en una gloria,
no cambies y déjanos llenarte de agradecimientos,
y es porque tú eres una historia de amor y vida.

Alabarte a ti   11-18-121

Me crucé por tus caminos y mi ser se estremeció hasta el alma,
porque veo que tu belleza en ti es incomparable,
y es de ti de quien hoy vivo enamorado hasta mi fin,
pero vuelvo y cuantas veces pueda a cruzarme por tu camino,
y como un perrito trato de llamar tu corazón,
para ver si tus sonrisas son para responderme,
porque en mí has hecho brotar el amor por ti como por nadie,
en este mundo que con su crueldad me impregna de temores y
rivalidades con odios incontenibles,
que tú no has inspirado otra cosa más que el amarte a ti,
porque a nadie he visto tan hermosa como tú,
por eso me comporto frente a ti como un perrito,
tratando con todo mi amor de hacerte voltear a mí,
mira que a pesar de mis tristezas y tragedias,
en tu rostro y tus ojos veo una vida diferente,
una vida llena de emociones de amor y pasión,
porque en ti sí veo la profundidad de tus sentimientos,
que eres capaz de llenarme como pienso,
de un profundo e inolvidable amor sin egoísmos ni rechazos,
dime cómo puedo llamar tu atención,
y te juro que nos amaremos como nadie lo ha hecho,
déjame acercarme a ti y verás cuánto te amaré.

Tu amor   23-11-21

Cómo podré hablar de mis tristezas y temores,
hoy tus comentarios me han llenado de sufrimientos,
porque hoy siento que no hay amor en ti por mí,
que quizás te he llenado de dudas odios y rencores,
han pasado los años y pensaba que con tu amor viviría,
pero hoy veo que no, que mi vida se ha marcado,
quizás en la oscuridad de la soledad,
ya que de tantos sueños, ilusiones, fantasías me llené,
pero hoy veo qué tan ciego estaba al no entender tu frialdad,
en la que mentías haciéndome creer lo que no existía,
ese amor con el que siempre te idealicé,
ese amor que me hizo soñar siempre en ti,
que siempre idolatré nuestras noches de pasión,
pero que hoy no sé cómo interpretarlo si solo fingías,
el deber era lo primordial en ti, sólo cumplir tu obligación,
y yo imaginando que esas entregas serían eternas,
y hoy todo, todo me golpea con toda la fuerza,
ya no sé cómo vivir en medio de esta pesadilla,
ésta en la que me estás obligando a vivir,
y que hoy me haces buscar el fin de mi vida,
que aunado a tantas enfermedades hoy ya no pondré atención,
me dejaré llevar por todas las enfermedades que padezco.

Pasado y presente   24-11-21

Dónde quedaron mis grandes amores,
los que rodearon mi infancia y mi adolescencia,
que me dieron tantos momentos alegres e inolvidables,
hoy me opongo a resignarme a que ya no los vea más,
que esta vida mía siempre se impregno de grandes ilusiones,
aquellos en que llenaron de grandes emociones mis Abuelos,
o aquellos que escasamente pasé con mi madre,
y hoy, hoy trato de reconstruir nuevas ilusiones,
pero la música me lleva a esos recuerdos,
esos los que hoy ya no existen los que tanto me amaron,
¿Cómo poder aceptar la soledad por ellos que ya no existen?
Sé que hoy soy yo quien debe crear esos momentos,
momentos que debo convertir en recuerdos inolvidables,
pero qué difícil es aceptar que ya no existe mi pasado,
por lo que hoy sé cuánto debo aportar a mis nuevos seres,
seres que hoy me demuestran su gran amor por nosotros,
su gran valor y que hoy siguen nuestros consejos,
por lo que la vida como la tierra debe estar sembrada,
la tierra con grandes árboles y nuestros seres de grandes enseñanzas,
para que cuando nos recuerden lloren como hoy lloro por
esos seres que ya no están más a mi lado,
y que esperemos que con la música nos recuerden,
porque la vida es muy corta y todos tenemos que irnos.

Abre tu corazón 30-11-21

Deseo tanto abrir tu corazón,
para llenarlo de emociones de amor,
que sientas en tu corazón la razón de vivir,
porque en ello vas a encontrar las más grandes ilusiones,
tantas que sentirás que tu respiración se agita,
porque vas a sentir la gran pasión que por ti siento,
yo estoy al borde de realizar mi más grande deseo,
porque guardo en mi corazón tanto amor por ti,
que hoy estoy a punto de desbordarlo en ti,
y así tu corazón llenarlo de amor como siempre deseaste,
ya no quiero contar los minutos de espera por ti,
ni tampoco desperdiciarlos en el espacio de la vida,
yo deseo tanto amarte sin barreras ni obstáculos,
el amor por ti se me ha hecho la gran ilusión de mi vida,
porque nadie me hizo amar como tú lo has hecho,
hoy te ruego a ti y al cielo por tu amor,
deseo hacerte comprender que mi amor por ti será para
llenar tu vida de amor, ilusiones todo lo que te haga feliz,
porque para mí no hay ni creo que exista alguien como tú,
la mejor princesa que he podido encontrar para coronarte
cómo la esposa reina de mi vida.

Amarte solo a ti   02-12-21

Abriste tus brazos y me dirigiste tu mirada,
y me robaste el corazón y mis pensamientos,
y hoy soy todo tuyo y profundamente enamorado de ti,
y tanto, que las flores florecen por todos lados,
especialmente cuando sigo tus pasos admirándote,
hoy el alma se me baña de aromas con tu olor,
tanto es hoy mi amor por ti que en mis sueños estás tú,
hoy mis metas y ambiciones son el amarte,
sí, amarte pero con toda la dulzura y pasión por ti,
la que tú ambicionas y merecida lo tienes,
porque tú eres como una gardenia con tu aroma hermoso,
cómo no enamorarme de ti cuando veo en ti todos mis sueños,
cómo no desear unir mi vida a alguien tan especial como tú,
llena de tantos atributos que cantando al cielo lo compruebas,
te has robado mi corazón y mi vida hoy tiene lo más grandioso,
y por ti es que hoy solo pienso en dedicar mi vida a ti,
construir el mejor palacio para tu vivir,
que nada te pueda faltar en tu vivir conmigo,
porque te amo y te amaré como amo la vida,
a ti y solo a ti es a quien perteneceré hasta mi fin.

El rincón de gloria 09-12-21

Contigo he de partir a mi rincón de gloria,
ahí donde podré expresar mis deseos de vivir,
vivir con toda la gracia de Dios que nos dió este mundo,
que quizás no lo hemos valorado como deberíamos,
pero yo si deseo expresar todas mis gracias a El,
por darme la oportunidad de caminar y vivir por esta vida,
una vida llena de grandes aventuras y emociones,
en donde he podido cantar mis mejores canciones,
canciones en las que expreso mi gran deseo de vivir a tu lado,
porque el amor que contigo he tenido es excepcional,
porque tú me has dado la oportunidad de tener a mis hijas,
seres tan maravillosos como lo eres tú,
yo hoy viviré de tu mano recreando nuestras vidas,
la vida que siempre soñé y que tú me la has dado con todo lo soñado,
tanto porque luchar, amar, trabajar y vivir en una grandeza,
ésa que sembraste en mi mente en la que no hay temores, ni pánico,
porque tú alientas nuestro vivir diariamente,
y lo haces basándote en las manos de Dios,
gracias por tu lucha, tu valor y tu amor.

Paraíso de amor   10-12-21

Oigo a los Angeles del cielo cantar,
y siento como mi ser se estremece,
porque al escuchar sus cantos seguro
estoy de encontrar el camino,
el camino que me lleve a tu paraíso de amor,
porque tú nos has creado para entender tus deseos,
los mismos que cuando los cumplimos,
el cielo se abre para demostrarnos su grandeza,
ésa que en tu reino existe y que nos lleva a la eternidad,
hincado ruego porque a mí también me elijas,
para ir a ese reino tuyo que nos llene de paz,
porque en esta vida sé que debemos luchar,
luchar porque unidos te oremos siempre a ti,
dando gracias por este maravilloso mundo en que vivimos,
que si todos seguimos tus reglas,
viviremos como en tu reino siempre amándote,
y respetándote, unidos cantaremos por nuestro amor,
que todos juntos debemos idolatrarte,
porque así podremos cada uno cumplir nuestros deberes,
que son los de crear toda clase de comodidades,
para que tanto nosotros como tus criaturas animales las tengamos,
viviendo dentro de la paz de tu reino,
trabajando, amándote y creando lo mejor,
porque a eso hemos venido a este mundo.

Estremecerme   13-12-21

Estremeces mi corazón con tus palabras,
y hoy sigo tus pasos para alcanzarte,
porque sé que en ti he encontrado el amor,
ese amor que tanto he soñado y que hoy
derramo mis lágrimas de la emoción de conocerte,
y que tu amor ha encendido mi vivir,
porque mi vida ha estado siempre en la oscuridad,
y al haberte conocido todo se resplandeció para mí,
y hoy solo sé que de tu amor podré vivir,
siempre en ese esplendor de amor que eres tú,
tú tienes la mejor armonía para vivir con amor,
porque al oírte hablar es como oírte cantar,
con tus palabras ato mis sueños para tenerte a mi lado,
y cada instante que viva a tu lado feliz seré,
cómo no agradecerte a ti, el haberte encontrado,
hoy que mi vida se ha llenado de amor por ti,
y que con mi corazón emocionado vivo contigo,
porque eres un verdadero ser de vida,
y hoy todas mis ilusiones y esperanzas se cumplen,
tú eres mi mayor apoyo para mi vivir,
sembraré todos tus alrededores con gardenias,
porque tú al igual que ellas su aroma me ensueña,
y hoy mi vida tiene sus metas que serán,
amarte y hacer de tu vida una dicha eterna.

Hija nuestra   13-12-21

Hoy en el tiempo me he refugiado,
pensando en todo lo que contigo vivimos,
y sé que ya nada te devolverá a nosotros,
que debemos recordar cada día a tu lado,
que quizás eso pueda devolvernos nuestro vivir,
porque el solo ver que te fuiste la vida nos cambió,
a tu lado fueron tantos los momentos hermosos,
que también los tuvimos muy difíciles y tristes,
pero que tú siempre nos llenaste de ilusiones,
esas de verte crecer y ver en tu carita tu alegría,
o a veces tus tristezas por lo que no lograbas,
por eso hoy nos es tan difícil resignarnos a no verte,
porque fuiste una vida de grandes momentos,
que hoy la tristeza no nos deja vivir sin ti,
fueron tantos los sueños de verte realizarlos,
que hoy nos duele en el alma por no saber de ti,
porque aunque sabemos que en la gloria de Dios estás,
no dejamos de pensar en ti en especial cuando son tus días,
que por desgracia no podemos dejar de llorarte,
te amamos tanto desde que naciste que nuestras vidas
casi se paralizaron en los recuerdos a tu lado.

Nunca 21-12-21

Nunca, nunca podré dejarte ir,
nunca, nunca podré dejar de amarte a ti,
nunca, nunca podré olvidarme de ti,
nunca, nunca podré cambiarte a ti,
porque nunca podré amar como te amo a ti,
tú llenaste mi ser como nunca lo tuve,
tú y solo tú me haces vivir como nunca,
porque sólo a tu lado he tenido el amor como nunca,
hoy siento mi vida en un futuro como nunca lo pensé,
porque eres toda una belleza de alma como nunca conocí,
hoy vivo amándote en cada momento como nunca amé alguien,
porque nunca he conocido a alguien a quien amar como a ti,
porque nunca se acercó a mí ninguna alma como la tuya,
y como nunca podré dejar de pensar en ti,
porque a través de mi vivir nunca sentí amar como te amo a ti,
nunca, nunca dejaré que tú me dejes de amar,
porque en tus ojos tan maravillosos nunca me habían
visto como lo haces tú, al verme,
y yo nunca necesitaré pensar en dejarte por alguien más,
porque nunca creeré en nadie como lo he hecho contigo,
nunca, nunca dejes de amarme como yo te amo a ti.

Encontrar un amor   26-12-21

Cuál y cuándo podré encontrar el verdadero amor,
en el que la sinceridad y el clamor por amar sea sincero,
tocar los labios puede ser el inicio de ese amor que busco,
en el que no existan mentiras ni falsedades,
por que eso es lo que siento cuando por un beso revivo,
pero el saber si realmente es un amor sincero,
o si soy sólo una diversión para ese amor,
cómo saberlo si no se expresan con sinceridad,
baño sus manos con gardenias para expresarle mis deseos,
porque ellas con su aroma y su color me inspiran a buscar ese amor,
sí a buscar ese amor que tenga sus características,
y es por eso que al amar deseó tanto escuchar lo que deseó,
sí marcándome como el más grande amor que haya encontrado,
que en su vida mi amor será insistituible,
que yo y solo yo seré el amor de su vida,
por eso hoy ruego al cielo por encontrar ese amor y escucharle,
palabras que cerrarán cualquier duda para amarme,
que me jurará amarme como yo a ella eternamente,
y que nos amaremos como nunca lo hayamos hecho,
por eso ruego que con un beso me exprese esas palabras que de
ella busco.

Mi amor por ti 26-12-21

Calmas mis ánimos al escucharte,
cuando con tus cantos me expresas tu gran amor por mí,
transformándome en el ser más dedicado a ti,
porque tu alma tiene la similitud de la mía,
y encontrarte en este mundo ha sido un verdadero milagro,
del cual yo me hinco a dar gracias al cielo,
porque ese amor que me expresas es inigualable,
todas tus expresiones en tus ojos solo expresan tu belleza,
y hoy fundido en tu amor vivo una vida tan hermosa,
que hoy no sé cómo expresarte mi gran amor por ti,
pero sí afirmo que por ti un esclavo de tu amor seré siempre,
porque hoy quiero encontrar esa forma de amarte como tú la deseas,
porque sólo alegría hay en nuestros corazones,
y en las entregas de amor tuyas inolvidables son,
por lo que mi vida está entregada a lograr tu felicidad,
y solo al cielo pido que nuestro amor se llene de grandes logros
que si hijos tendremos serán el fruto de nuestro gran amor,
por lo que siento y pienso en cada momento a tu lado,
trabajaré y buscaré siempre la mayor comodidad para ti,
yo quiero jurarte amor y dedicación de mi vida a ti,
que sólo me veas y escuches como me entrego yo a ti,
porque eso es hoy mi vida, tuya por siempre.

La gran tragedia del COVID   26-12-21

La tristeza y el llanto hoy se han apoderado de mí,
aunado a este terror que hoy siento por la gente,
por ver cómo sufren y se internan en los Hospitales,
dejando a sus familiares en llantos y gritos por ellos,
porqué ¿Por qué son sus quejas? Y es el verlos irse ahí,
y miles están muriendo porque no quisieron Vacunarse,
no escucharon a lo que las propias autoridades las que lo piden,
diciendo también escuchen a los científicos con las Vacunas,
son millones los que se han salvado al Vacunarse,
y hoy todas esas familias viven en armonía,
porque saben que se han salvado sus vidas por la Vacuna,
que ellos no desean por nada ver a ninguna familia o amigos,
verlos internados en los Hospitales atendidos por esos Angeles,
mientras las familias de los que no lo han querido hacer
hoy viven en llanto y pánico por los contagios,
y es así como a mí me provoca el llorar por esas almas,
almas que como quiera sacrificaron sus vidas por las mentiras,
ya que las Vacunas no son ninguna falsedad como lo quieren aparecer,
todos debemos ayudarnos Vacunándonos para no contagiarnos,
el amor que uno tiene a nuestra familia es inmenso y no es justo dejarlos,
y menos dejarlos contagiados por ese maldito virus,
Salvemos a la Humanidad "Vacunémonos"
Salgamos de esta gran tragedia por amor a la Humanidad.

¡Oh Madre!   27-12-21

¡Oh Madre amada mía! Cuánto dolor siento en esta fecha,
recordar que mientras todos festejan la Navidad,
y que lo hacen rodeados de su familia festejando la Navidad,
y que lo hacen con todos sus seres amados,
que principalmente sus Padres están con ellos,
y yo que desde niño siempre te extrañé,
porque pocas, muy pocas Navidades estuviste conmigo,
ni siquiera tuvimos un Padre que nos ayudara,
y que yo tantas noches de Navidad te lloré,
porque no podía estar contigo por tu marido,
una persona que a mí me destruyó mi niñez y juventud,
y tú como un regalo a mí, lo aceptabas,
y hoy a través de tantos años y sufrimientos por tu ausencia,
hoy las llagas de esos días de sufrimientos brotan en mí,
y aunque quisiera olvidarlas, no puedo, sangran mucho,
por lo que yo me he dedicado a darles esa felicidad a mis Hijas,
que nunca les pueda yo amargar ni un día de fiesta,
porque siempre desde niño, siempre supe lo que tener Padres significa,
los que nos trajeron al mundo y que no debe ser a sufrir,
por eso hoy no son reproches a Ustedes,
son mis lágrimas por no haber sido feliz contigo en las Navidades,
y al cielo pido el perdón para que allá seas feliz.

Un Tifón   27-12-21

Pensar en la destrucción y los daños que la Naturaleza nos da,
que después de tanta lucha por tener un Hogar,
ese Hogar se vuelva un centro de destrucción,
es tan grande la desesperación porque a la Naturaleza
no la podemos detener y todo se vuelve un llanto enorme,
porque para reconstruir ese Hogar tan soñado,
no hay fuerza interna para soportarlo y el llanto interno se suelta,
por eso hoy que veo los destrozos causados por un Huracán o Tifón,
no encuentro la forma de aceptarlo,
solo es el pensar en el mundo en que vivimos,
que muchas veces el egoísmo y los odios lo impide,
porque sí existen lugares donde tales destrucciones,
como inundaciones, terremotos, tormentas etc, no las hay
y es ahí donde el raciocinio de la Humanidad debería estar,
siempre buscando los mejores lugares sin odios ni envidias, ni codicias
porque ante tanta tragedia no hay consuelo,
¿Cómo puede pensar la gente que la ayuda vendrá?
Cuando no existen los recursos ni los lugares para ayudar,
por eso hoy me uno a la tristeza de escuchar y oír de esas tragedias,
¿Cómo ayudar si muchas veces caemos nosotros también?
Solo el compadecernos y ver cómo ayudar,
Es algo de misericordia.

Tu desamor   28-12-21

Me niego a aceptar tus mentiras,
sé que nunca me amaste que solo me acompañaste a vivir,
tan solo a compartir nuestras vidas en las sombras,
porque nunca llené tus deseos para amar realmente,
fui una carga en tu vida que se volvió desesperante para ti,
porque como en un concierto no puedes salirte,
porque dañarías no solo a mí sino a los tuyos,
a ellos que aceptaste tener conmigo,
y que hoy para mí son mi futuro de deberes,
porque si a ti no logré hacerte que me amaras ellos sí,
sé que me amarán y que esperan todo de mí,
no están dispuestos a luchar por sí mismos,
ellos dicen que lo harán cuando sean unos profesionales,
por lo que a mí me piden que no deje de apoyarlos,
porque ellos dicen querer demostrar al mundo quienes son,
comprenden que hay mucha frialdad entre tú y yo,
pero que eso no es motivo para renunciar a sus deseos,
por eso te pido si no me amas finjámoslo por ellos,
porque a ellos los trajimos al mundo y será para verlos felices,
deja tus rencores y odios y actuemos para ellos,
si no me amas trata de conformar tu vida en la armonía.

En el tiempo   03-01-22

El alma se me parte y mis lágrimas de sangre son,
hoy que todo se volvió solo recuerdos ya nada me alienta,
tú que encendiste la más grande ilusión de amor,
hoy sé que nunca más te encontraré,
porque tú fuiste la mujer más inolvidable para amar,
y hoy que el tiempo nada me da sólo tu recuerdo vive en mí,
hoy no puedo vivir sin ese amor tan esplendoroso, que contigo tuve,
hoy te busco por todas partes y no te encuentro,
cómo poder revivir ese amor tan sincero y esplendoroso,
siempre tan real y excitante, apasionado
y siempre con tus metas de vivir amándonos,
pero hoy tu ausencia me destroza el alma,
te amé y he seguido amándote intensamente,
por lo que hoy vuelo por el tiempo para encontrarte,
porque nadie me amó como tú y mi vida te entregué,
pero de mi vida desapareciste y nunca te he vuelto a encontrar,
¿Dónde, dónde podré encontrarte?,
¿Será acaso que me estás esperando en el cielo?
Que tú partiste sin decirme adiós siquiera,
y que por eso yo te he buscado tanto con desesperación y amor,
vuelve, vuelve a mí para llevarme contigo.

Tú una mujer angelical   04-010-22

Sembraste en mi corazón tu forma de ser,
y hoy vivo siguiendo tus deseos de vida,
y veo que son extraordinarios porque pareces ser un angel,
ya que todas tus ideas las fincas en el amor y la vida feliz,
donde no prevalece por ningún motivo el odio,
que es en ti donde con tu amor encontraré la forma de vivir,
porque nunca encontraré a alguien como tú, llena de amor,
que tus habilidades y conocimientos son para compartirlos
conmigo, sin envidias ni rencores para tener una vida plena,
tu sincero amor me impulsa a buscar dónde llenarte de todo,
de esa vida que toda mujer como tú desea para vivirla,
que no es buscando riquezas ni obligaciones absurdas,
que todo en ti es ser amados con toda pasión,
que nada debe igualarse a la tristeza o el disconfort,
que tú eres como un angel capaz de amar como en el cielo,
porque ésa es para ti tu forma de pensar de la vida,
y yo por eso me he enamorado perdidamente de ti,
porque si tú quieres ser un angel yo estoy dispuesto a alabarte,
y vivir el resto de mi vida adorándote con amor sincero,
que nunca deberé actuar con despotismo, odios, corajes,
de ti y sólo de ti seré tu esclavo.

Mi Patria   07-01-22

La Bandera de mi Patria se destroza,
sí por tanta inseguridad e ineficiencia para manejarla,
la vida de sus hijos las están perdiendo por tanto crimen,
y lo peor son las pandillas o llamados carteles,
que por querer tener riquezas venden drogas,
como si no se dan cuenta que en eso perderán sus vidas,
que nuestra Patria no soporta ya más esos crímenes,
porque diariamente los cometen impunemente,
tantas vidas que costó organizar nuestra Patria,
y hoy la delincuencia está destrozando todo lo logrado,
¿Dónde nuestro pueblo podrá vivir?
Si ya no tienen seguridad Policial ni Militar,
tanto que se luchó por la Independencia,
y hoy se está perdiendo dejando una inseguridad enorme,
por eso ya nuestra Patria no podrá vencer esos grupos,
y si no se organizan para controlar la delincuencia,
que nuestra Patria ha sido ejemplo de gran Unidad
que no es posible que no se pueda ya controlar,
que el deseo de todos los Ciudadanos es la Patria
organizada, sin delincuencia, bajo las Leyes de la
Constitución, vamos Pueblo mío restablezcamos a
Nuestra Patria dentro de la Ley y el Patriotismo.

Lo más ideal,¡Tu!   09-01-22

En cada instante que tu rostro viene a mi mente,
es el momento más inolvidable de mi vida,
porque amarte ha sido tan imperecedero que siempre
la estoy sintiendo porque el amor contigo es grandioso,
esos momentos de entendimiento y comprensión de
nuestras vidas es inmenso y encantador,
porque de tus labios solo escucho palabras de amor,
palabras de comprensión, esperanzas por unir nuestros corazones,
por eso hoy digo que nunca podre arrepentirme de amarte,
porque tu belleza a pesar de compararte con la más bella flor,
tu no te marchitas para mí y solo el admirarte es vivir,
vivir el más grande amor apasionado de mi vida,
con nada puedo compararte porque nada es igual a ti,
tu voz, tus labios, tus ojos, tu rostro y tu cuerpo,
todo en ti es inigualable, siempre te rodearé de amor,
y las más bellas flores siempre las sembraré para ti,
porque tu belleza lo pide para tu grandiosidad,
es por eso que hoy doy gracias al cielo por haberte encontrado,
porque sé que no soy igual a ti pero haré de mi vida
lo mejor para que tú te sientas amada eternamente por mí.

Amarte por siempre   07-01-22

Reflejo en mí la ambición por amar,
pero amar con tanta pasión que en mi ser siento,
porque el amarte es como amar tantas flores tan bellas,
porque es así como a ti te veo, hermosa y excitante,
y no puedo ocultar el amor que por ti tengo,
porque nunca había encontrado una mujer como tú,
tan fuerte en tus sentimientos, especial en tu personalidad,
y que decir de tus bellos ojos que me hipnotizan cuando me ves,
y cómo no amarte si ese primer beso que de ti recibí,
me embelezó y me hizo abrir mi vida y alma hacia ti,
no es posible ya para mí vivir sin tus besos y caricias,
tus sonrisas cuando me ves o me hablas,
siempre diciéndome las palabras más tiernas para decirme
"Te amo" y me das a entender que será para siempre,
y yo veo en ti la mujer más pura y bella de este mundo,
hoy me siento en medio de la más grande y hermosa Rapsodia,
porque es así como siento al verte y escucharte,
por eso me he jurado amarte hasta el infinito,
que a nadie podré ver con ese valor que tú tienes,
al cielo invoco por ser el ser que tú me absorbas.

Mi vida laboral   10-01-22

Camino por esos caminos del mundo siempre buscando,
buscando una oportunidad de crear mi vida,
y siempre he encontrado tantos obstáculos como todos,
busco esa forma de vida que me permita entender cómo debo ser,
porque en todas las ciudades que traté de crear esa vida,
solo violencia, discriminación, envidias y pleitos así como egoísmo
pero he aprendido de esos seres a distinguirlos y no confiar en ellos
por sus malas actitudes
pero aún así he encontrado los caminos correctos para sobrevivir,
y cuando por fin pude encontrar la forma correcta de vivir,
tuve que hacer a un lado las traiciones y la corrupción,
por eso cambié siempre de empleos,
oportunidades que me permitieron aprender demasiado,
y aunque confiando en las personas que me los ofrecieron triunfé,
aunque no las obtuve plenamente porque su egoísmo no los dejó,
por eso hoy que mi vida casi llega al final,
aunque no sea reconocido, para mí fue una maravilla,
una de las más grandes fue ser Gerente en General Electric de México,
y crearles un taller de reparaciones eléctricas en motores y transformadores,
y aunque renuncié para hacer otro taller igual como siempre las traiciones
que no pudieron borrar mis ideas para hacerles su taller, así como el taller
que hice
para mí, y lo más fabuloso para mí fué en USA lograr ser Electricista en
Locomotoras en AMTRAK donde tomé cursos en la Fábrica de GE de
Locomotoras en Erie Pa. 2 veces y una en Wilmington Del. Los Angeles Ca.
También y aunque me lastimé incapacitándome me retiré con la posición de
Federal Inspector en AMTRAK.

Te encontraré   10-01-22

Fuiste la única mujer en mi vida que me entregó el amor verdadero,
en ti no hubo mentiras ni falsedades te entregaste a mí con amor,
y hoy que en mi mente revivo esos momentos,
cómo poder compensarlos, si te perdí para siempre,
en ti encontré lo más sincero del amor,
el tiempo te cruzó por mi camino y temblamos en ese momento,
porque en nuestros corazones el amor brotó con tanta emoción,
porque nunca habíamos conocido el amor como el que tuvimos,
no importó quienes éramos,
ya que en ese momento éramos solo tú y yo,
fue tan especial nuestro encuentro que tanto para ti como para mí,
fue como vernos en fotografía, ésa donde no hablamos
solo nos enamoramos y en el mundo quisimos encontrar espacio,
donde pudiéramos amarnos como nunca lo habíamos hecho en vida,
nuestras vidas se llenaron de tantas realizaciones,
porque tanto tú como yo encontramos lo que tanto deseábamos,
ese amor que cuando me lo entregaste nada importó,
sólo fué el principio del gran amor que nos tendríamos,
ese amor que reiríamos, lloráramos pero que nos amaríamos de verdad,
pero hoy sé que tu amor lo perdí el cómo no lo supe porque fué
en el umbral y las sombras de ló desconocido,
y hoy dentro de mi tristeza espero me llegue a mí el día de encontrarte,
para nunca separarnos porque nos amaremos toda la eternidad.

Vuelve y perdóname   17-01-22

¿Dónde encontrar la huellas de tu caminar?
Ahora que has huido de mí y que arrepentida regresaste,
pero ahora soy yo que comprendo cuánto te amo y sin ti nada,
porque he visto que te volviste a ir frustrada de mí,
por eso siento que debo comprender cuánto te amo,
te amo lo sé y es por eso que a nadie amaré como a ti,
porque fuiste la mujer más especial que a mi vida llegó,
que amarte ha sido como grabar en acero tu amor,
porque para mí es la más fuerte forma de guardar tu amor,
que sin ninguna condición sólo me amaste hasta hoy,
que sé que no actué con amor que por eso has huído de mí,
porque tú me amaste sin ninguna condición, sólo fue amarme,
por eso hoy te busco con toda mi desesperación,
porque tu amor tuvo tantas anécdotas que no las puedo borrar,
y por eso debo encontrarte con toda mi desesperación,
porque a nadie podré amar como a ti debí hacerlo,
te necesito con toda mi alma para poder seguir viviendo,
sin ti para mí no existe nada por eso ruego al cielo,
ruego por encontrarte y así poder demostrarte que cambiaré,
porque solo en ti podré depositar mi vida,
que el resto de mi vida debe ser a tu lado buscando tu felicidad,
ven no te arrepentirás jamás por todo este amor que te ofrezco
para que la vida sea muy dichosa para ti,
como también lo será para mí con tu forma de ser tan especial,
ven déjame encontrarte para amarte por siempre.

¿Vivir sin ti?   24-01-22

Cómo poder describir mi vida si tú ya no estás,
mi vida eras tú, mis mejores anhelos los tuve contigo,
hoy mi tristeza embarga mi corazón y mi vida,
nada, nada ya me impulsa a vivir sin ti,
¿Cómo podré lograr abrir mis pensamientos sin ti?
Cuando tú eras el principal y más sagrado motivo para pensar en ti,
hoy no, no encuentro razones para vivir,
cómo borrar de mi mente tu rostro si lo veo por todos lados,
porque el amor por ti fué tan profundo que sólo a ti veo,
por lo que hoy mi ser ya no lo veo como pueda vivir,
tú no estás, tú has partido y mi alma y mi ser solos quedaron,
por eso hoy te ruego baja por mí llévame a donde estás,
porque hoy la vida sin ti todo es imaginarlo,
ya que ahora tú ya no adornas ese mundo en que vivimos,
todo se compone en música que me haga soñar en ti,
ya que hoy no puedo ver otra vida como la fué con tu amor,
por eso hoy digo que ya no existe ningún motivo para vivir sin ti,
ven, usa tu amor por mí para que a tu mundo me lleves,
y a tu lado vivamos toda la eternidad juntos amándonos.

Recuerdos   28-01-22

De mis ojos corren las lágrimas,
cuándo veo que el tiempo ha corrido y los recuerdos brotan,
brotan en mi mente y al ver esos lugares solos,
mis lágrimas empapan mi pecho porque ya nada es igual,
y hoy que todo ha evolucionado y no podemos reunirnos,
más es mi tristeza y hoy siento la dureza de vivir.
vivir entre gente que no le importa la demás gente,
porque en esta Pandemia el aislamiento es forzoso,
nada cambia y los recuerdos solo vienen y se van,
hoy no hay esperanzas de cambiar nuestro vivir,
el oír las risas, gritos, llantos de nuestros pequeños,
es muy doloroso porque no es así como debemos vivir,
hoy en cada lugar brotan las imágenes con sonidos imaginarios,
y nada, nada podemos cambiar con esta angustia,
la que nos está marcando en el pánico de la epidemia,
que, qué es lo que pasara en nuestras vidas,
por ese peligro que la gente trae a nuestras casas,
por eso invoco la ayuda celestial para que cambie nuestras vidas,
porque aceptar la muerte no es algo deseado,
sino para verse en el camino de vivir así.

Tú y yo   31-01-22

Desde que te encontré mi corazón latió tanto por ti,
que hoy sé que en mi broto intensamente el amor por ti,
tanto que hoy no puedo pensar en dejarte partir,
hoy todos mis sentimientos y pensamientos están en ti,
tus ojos me hicieron perderme en tu mirada,
y hoy son el objeto por el cual más te amo,
recordarte cada día, cada minuto es vida para mí,
tu alegría y tus besos han paralizado mis deseos,
deseos de vivir en otro mundo u otra mujer,
hoy solo tú eres lo más grandioso de este mundo,
solo en ti vivo pensando en cuanto debemos amarnos,
una mujer con tantas cualidades como las tuyas,
sólo tu podrás llenar mi vida de amor y pasión,
sólo espero encontrar la forma con qué tú me impactaste,
para hacerte que me ames con la misma pasión que yo,
sólo una mujer con esa nobleza es capaz de amar,
amar sin obstáculos siempre fiel y amorosa,
hoy quiero cubrirme con mi manto sagrado para no dejarte ir,
quiero que encuentres en mi la dicha de vivir,
vivir con amor, pasión y sin sufrimientos,
ámame entreguemos nuestras vidas al amor.

Tú el más grande amor   16-03-22

¡Hey ven! camina hacia mí,
que en mí encontrarás el amor verdadero,
el amor intenso que tú has buscado tanto,
que a mí tu belleza me ha engrandecido,
porque tú sí eres para mí la reina en este mundo,
la mujer más hermosa que mis ojos han encontrado,
que a tu lado podremos vivir para ganarnos la Gloria,
porque a tu lado brillan los ángeles,
ángeles que te hacen inspirar el amor,
ese amor tan especial que yo siempre he soñado,
y que a tu lado nuestras vidas tendrán más valor,
ven llega a mí, déjame amarte para que me elijas,
sí, como el ser que te ensalzará en esta vida,
porque a ella hemos venido a ganarnos la gloria,
yo quiero ser el ser que más te ayudará por lo que te amo,
no me dejes perderme en este mundo,
porque tú sabes que cuando no se tiene amor,
la vida es una crueldad vivirla en medio de esta gente,
yo espero que tú seas la dueña de mi vida,
para que me ayudes a corregir todo lo que hago,
ven, ven, amémonos por toda la eternidad.

Mis sentimientos   18-03-2022

Deja de jugar con mis sentimientos,
que parece que juegas con mis manos,
y yo veo que no te interesas en ver tus juegos,
porque el encanto de tu belleza a mí me ha endiosado,
contigo veo el sueño dorado del amor,
tu eres como el más bello concierto que me ciega,
a todos los males de esta vida y solo veo tu amor,
vé que en mi sólo hay amor por ti,
que nada más puedo esperar de la gloria,
que sólo tu amor emociona todos mis sentimientos,
que tu amor y tu ser será mi gloria en esta vida,
ya no puedo pedir nada más que tu gran amor,
porque tú eres como un ángel del cielo que ha venido
a convencerme, sí de la gloria que nos espera cuando partamos,
por eso, yo te imploro deja de jugar con mis sentimientos,
porque yo me siento todo tuyo en este mundo,
que nada puede ya apartarme de tu amor,
no dejes que la vida te aparte de mí,
yo soy todo lo que podrías esperar de esta vida,
que así se me ha inculcado el servir a Dios,
que tú y yo somos los que nos engrandeceremos
con el amor del cielo.

Septiembre de 1967   06-04-2022

El gran amor de mi vida fuiste tú,
y el tiempo me encerró siempre en tu hermoso amor,
y hoy me digo que la vida me la diste tú,
que el amor que entre nosotros hubo, no tiene fin,
que hoy después de tantos años a tu lado, no lo hay,
el final sólo podrá ser el mío porque aún así te amaré
hasta en la eternidad porque así lo siento hoy,
sé que nunca creíste en ese inmenso amor que nació
por ti cuando te cruzaste en mi camino,
hoy sé que nadie, nadie me hizo enamorarme como tú,
la vida se volvió una gran historia entre los dos,
nuestras hijas fruto de ese gran amor entre los dos,
jamás podré arrepentirme de haberlas traído a esta vida,
y como quiera sobre todos los inconvenientes,
ellas completaron ese amor que nos envolvió en la vida,
hoy, todo, todo me llena de emociones y lágrimas,
lágrimas por cada momento que vivimos juntos,
que hoy mi vida está llena de grandes y hermosos recuerdos,
que día y noche los llevo en mi corazón y mi mente,
porque con tu amor y el de ellas hoy sé que la gloria
de vivir fueron tú y ellas para mí,
hoy al cielo doy gracias por todo lo que tu amor me dió.

La familia Hurtado Mendoza   04-08-2022

En un momento del tiempo me estacioné soñando,
soñando en que a mis 5 Princesas las encamine en un sueño,
y con los años todo se empezó a cumplir,
poco a poco comenzaron a realizar sus estudios,
logrando sus carreras profesionales,
primero Evangelina, después Verónica, Gabriela, Alejandra,
y finalmente Catalina,
y ese sueño que tuve se realizó,
todas ellas en diferentes Universidades,
todas mis ilusiones se coronaron con sus éxitos,
y nosotros sus Padres cumplimos nuestro sueño,
llenándonos de orgullo y alegrías con lo realizado,
hoy con sus éxitos las vemos con sus hijos,
con la esperanza de verlos también realizados,
cómo no pensar en esa maravilla que vemos,
a nuestra hermosa familia Hijas que al mundo trajimos,
con todo amor y esperanzas de verlas así,
sí, como hoy son, nuestro verdadero sueño realizado,
del que no hubo fracasos ni reclamos, sólo éxitos,
Gracias a Dios y a Ustedes hijas nuestras,
a quienes les debemos lo que hoy somos todos,
unos Padres orgullosos y satisfechos.

¿Dejarme en el desierto?   05-28-22

Porque tengo años tratando de reconquistarte,
hoy te pido que escuches la música que me iguala,
en el sentido de amarte tanto al vivir a tu lado,
pero piensa que por muy grande que sea la distancia a ti,
nunca he dejado de amarte como la gran mujer que eres,
puedo recorrer el mundo para encontrarte,
pero si amor hay en ti para escucharme,
sé bienvenida a mi corazón y amémonos como nadie,
comprende que en ti encontré la mujer encantadora,
que nunca podre dejar de amarte y recordarte,
porque hacerlo es como si me internara en el desierto,
ese lugar en el que sólo encontrare soledad y muerte,
ven déjame llegar a ti sé tú la que me devuelva la vida,
nadie, ninguna mujer me amo como tú lo hiciste,
y que yo no te demostré lo mismo y que por eso huiste de mí,
pero corta la distancia hacia mí y déjame enseñarte como te amo,
que nadie podrá amarte como yo te amo,
déjame retornar a nuestra juventud,
déjame retornar a los momentos que nos encerramos en el amor,
piensa que mis palabras son fuertes y sinceras,
te amo, te amo y sólo te ruego que no me dejes morir sin ti,
dame la oportunidad de escapar de esta amargura,
dame tu amor como antes me lo diste.

Tú y mis gardenias   06-03-22

En el ocaso de mi vida trato nuevamente,
con el aroma y el esplendor de mis gardenias,
de renovar nuestro amor más intensamente,
porque hoy a través de tantos años,
mis gardenias y mis sentimientos por ti,
renacen en cada primavera y hoy,
hoy deseo fervientemente volver a abrir tu corazón por mí,
porque yo no he podido olvidar el día que te conocí,
que fue el día más grandioso de mi vida,
porque no sólo pude atrapar tu amor,
sino traer al mundo al fruto de nuestro amor,
5 grandiosas hijas inigualables y hermosas,
toda una vida de amor y realidades,
difícil en ciertos momentos pero tu belleza renovaba el amor,
ese amor que entre gardenias y sueños realizabas,
que hubo en nuestras vidas y que tú siempre adornaste con amor,
por eso hoy sé qué tan difícil fue abrir tu corazón por mí,
algo de lo que nunca podré arrepentirme,
porque un ser como tú nunca conocí,
te amo y te amaré hasta la eternidad.

Presente y pasado 06-14-22

Hoy que la amargura del tiempo pasado me encierra,
lloro por todos los recuerdos que a mi mente llegan,
tantos fracasos como éxitos hoy resuenan en mi mente,
y el escuchar música que en su tiempo me envolvía,
hoy lloro al escucharla y ver cuánto tiempo ha pasado,
hoy lloro por todos los que se han ido de esta vida,
porque a pesar de lo bueno o lo malo fueron parte de mi vivir,
y hoy que las enfermedades me aquejan,
hoy no logro paz o alegría ante el dolor de ese pasado,
hoy el ver en películas el pasado como duele,
me retorno a esos tiempos de amor y desamor,
el caminar a las Escuelas o al trabajo,
hoy duele aunque yo mismo me trato de alegrar,
pero yo ya no estoy en esos pasos y los logros me retornan,
a esas calles, amistades, y a mis familiares,
por eso hoy abro el humo que me encierra en el presente,
y busco a todos los seres que me rodearon,
que me envolvieron en amor y alegrías,
que me inculcaron la superación de todo en mí,
por eso hoy me refugio en la música ya que en este presente,
ya nadie de aquellos tiempos esta.

¿Sueños o realidades?   07-04-2022

Mi vida entera dedique a lograr mis sueños,
sueños por el amor y la familia que tanto soñé,
sueños que a veces se convirtieron en pesadillas,
pero por más sufrimientos no me vencí,
luche y todo se fué convirtiendo en la gloria de familia,
esa familia que formé con mis 5 hijas que son lo más
sagrado de mi vida, pero sí lloro porque el vivir en
un mundo cruel,
porque ellas vivieron sufriendo por mis problemas,
pero no, no dejé de luchar por esos amores tan sagrados,
sí, mis hijas por quienes seguiré luchando hasta mi muerte,
sé que no ha sido fácil para ellas por mis problemas,
esos que no me han hecho vencerme y que he seguido luchando,
la vida la finqué en un amor y ese amor se transformó en mi
más grande sueño de amor y que fué quien me dio mis hijas,
hoy a pesar de las pesadillas que encontré jamás dejaré de
ambicionar por darles mi más grande ayuda,
sí, a esos Angeles que se convirtieron en mis hijas,
que sé que será difícil para ellas creer en mis sueños,
porque las reglas de una vida cruel tuve que buscar realizar mi sueño,
por eso hoy lloro y ruego porque en sus vidas no lloren,
porque mi más grande sueño es verlas vivir sin sufrimientos,
que no lloren por mis culpas, que su felicidad la vivan.

¿Mi vivir?   07-24-22

¿A qué debo dedicar hoy mi vivir?
Hoy que los años han caído sobre mí hundiéndome,
sí, en la incertidumbre de cada día en que despertaré,
hoy que mi cuerpo se ha llenado de tantas enfermedades,
¿Cómo despertar e iniciar un nuevo día? si es doloroso para mí,
Pero que sé que por más soluciones para vivir,
nada es fácil porque los efectos son difíciles de aceptar,
por eso hoy me duele despertar con tantos problemas,
me trato de refugiar en la música y las actividades caseras,
pero es difícil sobrevivir y por eso busco soluciones,
el refugio en la imaginación me llena de ilusiones,
y compartirla con la música siento que puedo revivir,
y de esa manera buscar una forma de alegrar mi vivir,
ver que estoy rodeado de amor y necesidades,
me impulsa a buscar cómo resolverlas,
el escuchar temas de amor en la música,
son las mejores formas de incentivar mis ideas,
abrirme a la alegría que me puede dar la vida,
esa vida que tengo acompañada de un gran amor,
ese amor que en sus intenciones es dar amor y felicidad,
y es para mí la mejor motivación para abrir mis ambiciones,
ambiciones por vivir esa vida que su amor me da.

¿El pasado alegre?   07-25-22

En tristeza infinita se ha tornado mi vivir,
el haber vivido con libertad sin problemas,
fue el encanto más grande en que vivíamos,
las canciones adornaban nuestras vidas,
tales como el no poder quitar mis ojos lejos de ti,
o en algún lugar del tiempo, tanta música,
que nos inspiró a vivir en armonía y alegrías,
pero hoy la tragedia de esta Pandemia que nos rodea,
ha sido tan dolorosa que ya ni la música nos alegra,
son millones los que han muerto por esa Pandemia,
y el peligro de contagiarnos nos rodea,
hoy no podemos ni debemos divertirnos en ningún lugar,
sí, porque ya no es fácil convivir con todos,
porque el peligro de los contagios es latente en todos lados,
y la muerte nos puede llevar después de padecer el VIRUS,
de COVID-19,
por eso hoy la tristeza me embarga,
porque las tragedias casi nos han tocado muy cerca,
por eso hoy vivimos vacunándonos cada vez que se necesita,
por eso hoy es tan difícil vivir con alegrías,
rogamos a Dios porque nos libre de este virus,
pero está en nosotros mismos tomando toda clase de aislamientos
limpieza y vacunas.

Mi vida de hoy   07-26-22

Qué puedo expresar ante tanto sufrimiento,
de niño, adolescente te lloré tanto madre mía,
pero tú me sacrificaste alejándome de tu lado,
y nada te importo por lo que sufría,
cómo crecer en medio de un mundo cruel,
ése donde la niñez y la juventud fue como un pecado,
y así me hacían pagarlo como si yo lo hubiera cometido,
dediqué mi vida a ti madre mía y nada logré,
hoy la vida me cobra más por lo que no hice,
y hoy que al mundo traje a mis hijas hoy lloro por ellas,
porque aún no he logrado darles lo necesario para sus vidas,
pero yo no les he hecho lo que tú madre hiciste conmigo,
hoy sigo luchando por convencer al amor de mi vida,
que nunca la odié y que ni la hice feliz, lo sé bien,
pero hoy seguiré luchando por convencerla que lo hago,
¿Tarde y muy doloroso ha sido mi vida?,
hoy que fracturas, hernia, cáncer de colon, aneurisma en la aorta,
hoy trato de sobrevivir para encontrar un camino,
un camino que me lleve a encontrar algo de riqueza para mis hijas,
sé cuán difícil será y lo que más deseo es que me comprendan,
este camino tan doloroso que estoy viviendo,
y que no quiero contagiarlas de mis miserias y dolores,
por eso invoco al cielo por un poco de misericordia.

Resistir el vivir   07-26-22

Darse uno cuenta de cuánto se ama a la madre,
difícil y no, porque desde que se nace se ama intensamente,
sí a la madre, porque ella es la que en este mundo nos cuidará,
todo el llanto que expresamos ella nos consuela,
y poco a poco va dando la vida por nosotros,
por eso es tan difícil pensar en otro tipo de amor,
por lo que cuando nos encontramos con el amor ideal,
siempre nos imaginamos la forma en que nuestra madre nos amó,
y que hoy ese nuevo amor tan diferente pero a la vez tan real
como el de nuestras madres, sincero, dulce y dispuesto al sacrificio,
por eso yo me enamoré tan profundamente de la mujer de mis ilusiones
quien sólo amor y entregas me dió,
por eso a la vida me sigo entregando para darles la oportunidad de
vivir con amor, sin miserias a los seres que traiga a la vida,
sí para que de esa manera el amor de mi vida se convierta
en la madre amorosa y dedicada para sus hijos,
por lo que para mí debe ser como un contrato de esfuerzos y trabajo,
sí para retribuir él y los sacrificios que una madre da,
y de esta manera mantenerlo a uno en pie,
y ser un ser de hierro para soportar los golpes de la vida,
porque es la forma de interpretar la vida conyugal.

Tu cantar y tú   07-26-22

Mi corazón palpita fuertemente con tu voz,
maravillándome también con tu belleza,
y veo que conquistas no sólo a mí sino al mundo entero,
tu dulzura con tu canto es extraordinario,
y todos nos enamoramos de tu cantar extraordinario,
por lo que persigo todo lo que llegues a cantar,
por tus canciones yo vivo enamorado de ellas,
con cada uno de tus cantares yo viajo en mi imaginación,
viviendo y oyendo los mejores momentos de mi vida,
y sí una y otra vez me entusiasmo con tanta belleza,
hasta que mi corazón y mi mente vive enamorado de ti,
hoy vivo dentro de la música amándote intensamente,
por eso dedico mis letras a agradecer tu amor,
un amor tan esplendoroso como las canciones que nos cantabas,
y que cada una ha representado tanta dicha,
dicha por el amor que me profesaste,
que más puedo decir al oír tus canciones de amor y recuerdos,
no, no puedo dejar de escucharte y de amarte,
porque como te digo, cada canción es un recuerdo de tu amor,
cada beso, cada palabra, cada mirada fué para
enamorarme más y más de ti y para que sea eternamente,
y poder decirte te amo, te amo y te amaré por siempre.

La música y mis pensamientos   08-14-22

El sonido de la música embarga mi corazón,
porque los recuerdos brotan en cada pieza musical,
me entristece también por esos recuerdos que brotan en mi mente,
y el compararme con algunas canciones, me hacen llorar,
porque al igual en algunos momentos viví lo que cantan,
pero también brotan los recuerdos de mis amores,
y recordar sus llantos, risas y emociones,
tantas que me hacen llorar al ver que ya son adultas,
que debo pensar en todo lo que luché por ellas,
pero también en todo lo que no hice por ellas,
y que ahora sus reproches son tan dolorosos para mí,
pero yo no dejaré de recordarlas desde que nacieron,
mi vida se llenó de toda clase de ilusiones por ellas,
verlas crecer fue lo más bello de mi vivir,
aunque hoy me dicen que no estuve con ellas,
por eso hoy me entristezco profundamente por sus quejas,
si ellas pudieran entender que tan difícil es la vida,
en especial cuando no tienes los recursos económicos para ellas,
cómo convencerlas si lo hice luchando contra todo,
todo como las enfermedades que tuve y los accidentes,
¡Oh Dios! aunque ellas no me comprendan ilumínalas,
y dame las últimas oportunidades para ayudarles.

La música y tú   08-15-22

En la claridad del día y la hermosura de la naturaleza,
hoy veo cuánto amor y emociones nacen,
porque toda la belleza que en mi vida ví,
en toda estabas tú con tu sonrisa,
y en todo momento me llenaste de amor y pasión,
hoy que en mis brazos puedo tenerte,
la gloria del cielo la siento en mi corazón,
tu amor me ha impulsado siempre a la felicidad,
porque mi felicidad siempre has sido tú,
y hoy que los años han pasado la música me trae a la
mente casi cada día que a tu lado viví,
en ella tus emociones se unieron a las notas musicales,
por eso hoy lleno de emocionantes recuerdos,
todo mi pensar aunado a la música estas tú,
por eso al cielo ruego y me encomiendo,
para que nada nos separe y sigamos unidos con amor,
que al igual que las aves, los ríos, montañas y flores,
todo se engarza con nuestro amor y vida,
porque todo se envuelve por tu vida de amor y dulzura,
por lo que yo me siento vivir en el paraíso,
y hoy los cantos de las aves entonan nuestro amor y felicidad.

¿Ya no me amas?   08-16-22

¿Acaso por tus pensamientos estoy yo?
o será acaso que en tu corazón ya no existo,
que ya no hay amor por mí, que en el tiempo se acabó,
y que ya no deseas amarme más,
mis sentimientos están vivos por ti,
y mi corazón no logra entender tu frialdad,
difícil es para mí pensar en tu abandono,
mi corazón y mi mente solo piensan en tu amor,
ese amor que todo parece que yo destruí,
que las horas pasan y los relojes me indican la hora,
y todo parece ser mi final a tu lado,
hoy sólo puedo rogarte, háblame, descubre tus pensamientos,
déjame sentir que aún hay restos de nuestro amor en ti,
vuelve, vuelve a mí, que nadie te amará como yo,
deja que nuestras vidas vuelvan a brillar por todo el cielo,
que aún hay caminos para acercarnos nuevamente,
no dejes que el reloj pare y deje de darnos tiempo,
que todo el pasado que viví con tu amor,
todo está vivo y con sinceridad te ruego,
dí adiós a lo que te duela y volvamos a nuestro amor,
déjame volver a esa vida amorosa y celestial contigo.

Grandes reproches   09-24-22

Mis esperanzas han caído en la angustia,
nada puedo lograr por sanar el dolor de mi alma,
por más que me inclino a Dios rogándole,
nada pasa y la vida se me va en la desesperación,
me he sincerado de mis pecados de mi vivir,
y nada logro enderezar y lograr el perdón,
todo parece que mi lugar en el cielo me está negado,
y mi vida en este mundo ya nada lograré por sanarla,
ni el amor ni el perdón de quienes tanto amé,
ama, ame siempre con la limpieza de mi alma,
rogué por ser comprendido y respetado y nada logré,
por eso hoy lloro por todo lo que anhele y no logre,
por eso me encomiendo a Dios para lograr el perdón,
ya que la oscuridad de mi vida se ha destacado más,
por eso en mi tristeza hoy que nada he logrado y que amé tanto,
porque hoy, lo que hoy escucho son grandes reproches,
¡oh Dios! que puedo rogar para que mi vida sea mía,
y no de la tristeza que me ha embargado.

Mi vida laboral en México y USA   10-01-22

Camino por esos caminos del mundo siempre buscando,
buscando una oportunidad de crear mi vida,
y siempre he encontrado tantos obstáculos como todos,
busco esa forma de vida que me permita entender cómo debo ser,
porque en todas las ciudades que traté de crear esa vida,
solo violencia, discriminación, envidias y pleitos así como egoísmo
pero he aprendido de esos seres a distinguirlos y no confiar en ellos
por sus malas actitudes
pero aún así he encontrado los caminos correctos para sobrevivir,
y cuando por fin pude encontrar la forma correcta de vivir,
tuve que hacer a un lado las traiciones y la corrupción,
por eso cambié siempre de empleos,
oportunidades que me permitieron aprender demasiado,
y aunque confiando en las personas que me los ofrecieron triunfé,
aunque no las obtuve plenamente porque su egoísmo no los dejó,
por eso hoy que mi vida casi llega al final,
aunque no sea reconocido, para mí fue una maravilla,
una de las más grandes fue ser Gerente en General Electric de México,
y crearles un taller de reparaciones eléctricas en motores y transformadores,
y aunque renuncié para hacer otro taller igual como siempre las traiciones
que no pudieron borrar mis ideas para hacerles su taller, así como el taller
que hice
para mí, y lo más fabuloso para mí fué en USA lograr ser Electricista en
Locomotoras en AMTRAK donde tomé cursos en la Fábrica de GE de
Locomotoras en Erie Pa. 2 veces y una en Wilmington Del. Los Angeles Ca.
También y aunque me lastimé incapacitándome me retiré con la posición de
Federal Inspector en AMTRAK.

Amor, sí pero amor infinito   09-09-22

Dejé que el amor por ti me dominara,
que con todo mi cariño te ofrezco ahora amarte,
amarte con todo mi esplendor para vivir como en el paraíso,
sí, con toda la ternura y la limpieza de mi amor por ti,
déjame abrir tu corazón para mostrarte cuánto te puedo amar,
deja que las estrellas brillen de alegría si nos amamos,
déjame llegar con toda mi ilusión a tu corazón,
mostrarte cuán feliz se puede ser cuando el amor nos conquista,
no dejes que mis ojos lloren por no querer amarme,
piensa que al mundo hemos venido a a mar y no a odiar,
que así como las aves vuelan en el cielo así debe volar nuestro amor,
con toda la dulzura que el cielo nos provea,
que de nuestro amor y con el podamos vivir con toda la felicidad
que por el resto de nuestras vidas el cielo nos lo permita,
mira que en el fondo de tu mirada he encontrado el brillo de tu gloria,
que amarte será amarte eternamente, por eso te ruego abre tu mente,
también tu corazón para empezar nuestra nueva vida juntos en el amor,
que al cielo ofrezcamos cada día que la vida nos permita amarnos,
y las gracias infinitas daremos al cielo.

Un amor inexistente   09-10-22

Hoy que la vida para mí se ha tornado en una angustia,
le pregunto al cielo ¿Qué sigue para mí?
ya he recorrido esta vida ante tantos engaños,
que por eso pregunto ¿Qué sigue?
acaso debo sentirme como un animal en víspera de su sacrificio,
porque ellos como nosotros cumplimos nuestros deberes,
sí, a una vida de lucha y fracasos que nos llevan muchas veces
a la muerte o al sacrificio, en especial cuando el amor ha desaparecido,
para mí hoy siento sangrar mi corazón ante el fracaso del amor,
ese amor que nunca existió para mí como yo lo pensé,
y que a través de mi vivir nunca lo encontré realmente,
cuándo las notas musicales suenan, mis recuerdos brotan,
sí, de cuando creí que al amar intensamente me amaría,
pero por mí mismo enamoramiento, no, no me dí cuenta
que nunca se me amó, que sólo fuí un pasaje de vida pero sin amor,
por eso hoy en el sonido de la música que me encendió en el amor,
hoy no puedo creer tanta ceguera en mi corazón al no ver lo irreal,
hoy no puedo creer en mi ceguera ya que nunca hubo nada de lo que
mí corazón formo con la música.

Deja que el amor nos una.   09-09-22

Dejé que el amor por ti me dominara,
que con todo mi cariño te ofrecí amarte,
amarte con todo mi esplendor para vivir como en el paraíso,
sí, con toda la ternura y la limpieza de mi amor por ti,
déjame abrir tu corazón para mostrarte cuánto te puedo amar,
deja que las estrellas brillen de alegría si nos amamos,
déjame llegar con toda mi ilusión a tu corazón,
mostrarte cuán feliz se puede ser cuando el amor nos envuelve,
no dejes que mis ojos lloren por no querer amarme,
piensa que al mundo hemos venido a amar, no a odiarnos,
que así como las aves vuelan en los cielos así debe volar nuestro
amor con toda la dulzura que el cielo nos provea,
que de nuestro amor y con él podamos vivir con toda la felicidad,
que por el resto de nuestras vidas el cielo nos lo permita,
mira que en el fondo de tu mirada he encontrado el brillo de la gloria,
y que amarte será eternamente, por eso te ruego abras tu mente y tu
corazón para comenzar nuestra nueva vida juntos en el amor,
que al cielo ofreceremos cada día que la vida nos permita amarnos,
y las gracias infinitas daremos al cielo.

Viajes y recuerdos   09-12-22

Cuán difícil es vivir en el presente,
cuando se tiene la mente llena de recuerdos,
en especial cuando fueron momentos tan emocionantes,
como el viajar con toda la familia a lugares tan lejanos,
que a la vez impresionan por su belleza,
hoy que el tiempo nos ha distanciado de viajes,
hoy los recuerdos salen en mi mente,
y si cuando viajé me sentí ansioso o nervioso,
hoy me siento triste y nostálgico por lo que ya no hay,
por eso quisiera volver a viajar,
como cuando por dos veces fuí a Erie Pa. a Wilmington, Del.
O a México, Monterrey N.L. México y tantos lugares que viajé,
pero los que más quedaron en mi mente fué con mis hijas y mi esposa,
viajes que extraño tanto y que quisiera hoy volver hacerlos,
hoy me refugio en esto al escribir mis recuerdos y con música.

Los Tangos   09-13-22

Al tiempo vuelvo en mis pensamientos,
al recordar aquellos Tangos que me encantaron,
y que hoy es tan difícil para mí escucharlos,
pensar en aquellos Tangos que al romance nos llevaban,
yo hoy no puedo dejar de pensar en ellos,
en especial cuando en mi adolescencia los tocaban en el radio,
Tangos que me hacían imaginar tanto amor,
un amor, amor real y a veces con tristezas,
por lo que en mi vejez busco esa música que me hace
retornar a mi juventud y a soñar con mi madre que los cantaba,
y claro el recordar oyéndolos para mí es volver al pasado,
el tiempo se alarga para mí y mis sentimientos van a ella,
a mi madre que tanto me hizo soñar con una vida distinta
a la que llevé, porque sus canciones me transportaban como ahora,
lo siento al escucharlas por sus palabras
todos como los grandes poemas que formaron con música de Tangos,
tan impactantes que hasta el bailarlos vuelan los romances,
y el amor a quien uno ama se eterniza.

La luna   09-14-22

En el trasfondo veo la luna brillar con todo su esplendor,
provocando que vengan a mi mente mis recuerdos,
de aquellas noches que veía de niño y de joven,
y de tantas veces que absorbía en el amor,
un amor de juventud que llenaba todos mis sueños,
amar cuando fuí también respondido con amor,
y entonces hasta las estrellas brillaban para mí,
y poco a poco entre las sombras de los días y noches,
el tiempo se me fué de las manos y esos amores desaparecieron,
y mi juventud y niñez con ellas se fueron,
y surgió entonces en medio de una tarde el amor de mi vida,
que con sus ojos y su mirada me enamoré profundamente,
y tanto fue mi amor que los sueños se hicieron realidad,
con 5 hijas que nos llenaron de amor e ilusiones,
por eso hoy mi vida está en los mejores años,
ya que hoy sus vidas las han realizado,
hoy con el amor de mi vida los problemas se disipan,
y el amor nos une más en esa realidad de la vida,
ya que nos acompañamos de ellas y sus hijos,
y el amor nos une más y más al verlas,
¡Oh vida! ¿Cuánto te debo por todo lo que me has hecho vivir?

Encontrarte es hoy mi deseo   09-14-22

¡Oh, amor de mi alma dime que aún me recuerdas!,
dame la esperanza de volvernos a amar como en el pasado,
no dejes que la adversidad te haga olvidarme,
piensa como yo en aquellas noches que nos amábamos,
recuerda cómo cada día despertábamos juntos,
que el amor que nos envolvía nos daba tanta alegría,
que yo me basaba en tu amor para seguir mi vivir,
que con tu apoyo yo continuaba buscando nuestro vivir
sin problemas ni hambres que sólo pensaba en tu amor,
piensa, piensa en cada día y cada momento que juntos
vivimos sin dolores ni sufrimientos,
ven, vuelve, a mí que tu rostro es lo que más amo,
que este silencio no me alienta a vivir sin ti,
tu olor, aroma de tu piel enaltece tanto mi amor por ti,
que al mundo grito que eres tú a quien yo busco,
que te busco por todo el mundo por ese amor,
ese amor tan fuerte y tan grandioso contigo,
hoy ruego a Dios me haga caminar hasta encontrarte,
que sé que sólo El nos puede volver a unir,
a unirnos nuevamente en nuestro amor,
porque ya sin ti sólo en la soledad podré vivir hasta la muerte.

Amarte mi única meta   09-14-22

Hoy quiero hacerte sentir mis recuerdos,
que el día que unimos nuestro amor ante Dios
nos llenó de felicidad que nos hizo sentir su Gloria,
que al unirnos ni las lágrimas ni traiciones tendremos,
que el amor que nos unió es y ha sido y será eterno,
que yo no he pensado en nadie más que en ti,
no, no puedo pensar más que en el gran amor que me das,
que yo no me alejaré de tu lado jamás,
yo me apuro porque nuestro amor crezca,
crezca cada momento más y más, así llegaremos a la eternidad,
yo te amo con toda mi alma que en nada pienso sólo en ti,
que cada momento a tu lado es para cultivar tu felicidad,
que cada paso que por el mundo dé, será por tu amor,
que el amor sé que debe tener toda la confianza,
para que sientas que por tu felicidad y tu amor lucho,
que mi vida es tuya y que todo lo que aprendí,
si será para darte una vida saludable y feliz,
que la envidia, los rencores o los odios no están en mí,
que en mí sólo está la ansiedad por tu felicidad,
y principalmente que tú mantengas tu amor hacia mí,
que cada día crezca sin temores ni corajes,
te amo y te amaré eternamente es lo que te juro hoy.

Amarte solo a ti 09-15-22

Cómo borrar de mi mente el gran amor que por ti me nació,
te he amado por casi toda mi vida a tu lado,
pero todo ha sido como una sombra la que me cubre cada día,
porque cada día en mi vida amándote es lo que hoy pesa en mí,
evitándome pensar en buscar nuevos horizontes,
porque tú has sido el mayor amor que he tenido en mi vida,
y el recordar cada instante de nuestros vidas,
es lo que más alimenta mi alma y es mi pan de cada día,
hoy sólo los recuerdos de cada día o noche son lo más sagrado
hoy para mí por todo lo que te amo y te amaré hasta mi muerte,
nada, nada me importa ya, sólo tu alegría y tu sonrisa,
porque eso es lo que más anhelo cada día para ti,
por todo ese amor que por ti he sentido durante estos años,
para mí no hay sombras ni engaños sólo tu hermoso rostro,
ese rostro que cada día he amado con tanta intensidad,
hoy ya nada me importa como es el alimentar tu amor por mí,
esa es mi mayor meta el que no tengas odios hacia mí,
que cada día crezca en ti el amor por mí y no el odio,
como en mi crece el amor por ti cada momento,
porque nunca podré amar a nadie más como te he amado a ti,
sólo a ti con todas mis fuerzas por toda la felicidad que me has
proveído por años.

La maldad y el bien en un matrimonio   09-25-22

Cuando a esta vida venimos tan inocentes,
el tiempo se encarga de demostrarnos la clase de seres que somos,
a veces en gran proporción nuestros padres nos odian,
y crecer sin la santidad de una buena educación y sin cuidado,
son las principales causas de la amargura que llevamos en la mente,
y muchas veces por el sistema donde se vive no nos cuidan,
y crecemos sin una buena formación ni cívica ni moral,
por eso mi ser y mi mente están en esos descalabros,
porque por más que luchamos por mejorarnos nada pasa,
y hasta en malos esposos y padres nos convertimos,
a veces llenos de falsedades y maldad y claro una buena relación
no llega a existir lo que nos encamina a tantas malas soluciones
como el divorcio, el crimen, o llevar una mala vida y tantas
porquerías que se hacen entre la pareja, como las falsedades,
el maltrato que a veces convertimos en crímenes,
y que lo más doloroso es quienes pagan por todo lo malo que hicimos,
por eso pienso en la gran importancia de un matrimonio sano y limpio
sin falsedades ni mentiras, que se convierta en hermosas familias,
llenas de metas sanas y felices por eso hoy trato de sopesar lo bueno
y lo malo que hice en mi vida para que esas hijas tan hermosas no tengan
que sufrir nada por nuestra culpa.

El amor en este mundo   09-27-22

Dónde o cómo encontrar el amor que siempre soñamos,
donde la entrega de amor no tenga dudas ni problemas,
y aprovechar la oportunidad que tenemos para amarnos al encontrarlo,
porque la vida no la podemos asegurar en el mundo en que vivimos,
porque escuchar tanta tragedia y peligros no es fácil de asimilar,
y al tener el amor ideal nos ayudará a encontrar paz y vida,
porque con el amor comenzamos a crear una familia,
el vivir en este mundo se debe estar muy atento a los peligros,
porque con el amor siempre soñamos con tener una gran vida,
y no pensamos en los peligros por los que tenemos que pasar,
y en el amor siempre esperamos una gran armonía de amor,
por eso te he encontrado a ti para amarnos sin igual,
todo basado en el convivio del amor para los dos y la familia,
por eso digo que yo sólo busco una entrega total de ambos para ser felices,
en donde no haya mentiras ni falsedades solo amor incondicional,
que nos entreguemos a vivir dándonos amor el uno al otro,
porque de ello vendrán hijos a quienes debemos de hacer felices,
que nada empañe nuestras vidas y que podamos huir
cuando el peligro nos aceche para no lamentarnos nunca,
que todo sea amor bajo la mano de Dios para nunca lamentar nada.

El amor a ti   09-30-22

Con el canto de las aves se emociona mi ser,
porque a mi lado estás tú con tu belleza y tu amor,
amarte ha sido siempre lo más extraordinario de mi vida,
oigo tantas melodías para combinar nuestro vivir,
que nada amargue nuestro amor ni nuestras vidas,
por eso al despertar de cada día siempre busco tu encanto,
y a la vez ruego que nuestro amor no se termine nunca,
que la vida nos permita vivirlo con todo su esplendor,
porque de nuestro amor vendrán seres que también amaremos,
porque hoy al amarte tanto, el perderte es la oscuridad para mí,
porque nuestro encuentro se llenó de amor y esperanzas,
porque hoy comprendemos lo que es la soledad en esta vida,
y el encanto de tu amor me llena de ilusiones y esperanzas,
hoy comprendo lo que es la soledad cuando no tenemos a quién amar,
por eso sé que vivir a tu lado nuestro amor será interminable,
que cuando partamos de esta vida será el paso a la eternidad,
donde en el paraíso y a lado de Dios viviremos eternamente,
por eso yo lleno tu vida de flores y música para adorarte,
para que así puedas entender mis pensamientos por ti,
porque en mi corta o larga vida a nadie he amado como a ti,
y sólo el paso a la otra vida nos debe separar momentáneamente,
hasta que los dos volvamos a unirnos.

La paz vuelve a mi 10-02-22

Hoy fué uno de los días más hermosos de mi vida,
porque pude sanar una parte de mi cuerpo sin problemas,
por eso hoy siento tanta alegría por lo que podré vivir ahora,
vivir sin dolores ni angustias porque encontré el lugar perfecto,
ahí donde siguieron mis limitaciones económicas,
haciéndome lo más sencillo y económico que necesitaba,
por eso le doy gracias al cielo por esa ayuda,
y hoy empezaré a vivir cada día con toda tranquilidad,
porque ya no tengo nada grave que temer,
yo ya puedo volver a encender las velas de mi alegría,
para activar mis pensamientos que me dan vida,
esa vida por la que caminé tantos años en la emoción,
porque logré muchos sueños y propósitos,
hoy se llena mi mente de tantos recuerdos e ilusiones,
porque fué mucha la angustia que pasé últimamente,
y el volver a esa paz después de haber vivido varias cirugías,
y que tanto me atormentaron haciéndome la vida muy difícil,
pero que logré vencerlas y por eso es mi alegría hoy de nuevo.

Tú y tu danzar   10-03-22

Con el suave vaivén de las hojas de los árboles me inspiran,
a pensar en ti, en ese vaivén con que bailas tú,
que fué así como me enamore de ti,
hoy me encanta caminar entre los bosques,
porque en ellos te siento a ti con tu hermoso amor,
por eso te invito tanto a que caminemos entre ellos,
porque en su olor y su esplendor es como el amor en ti,
las notas de la música me ayudan a conquistar tu amor,
porque entre los árboles juego contigo con tu hermosura,
en ellos tu amor resalta en mi mente con todos los momentos,
por tu forma de amarme tan profundamente y tan inolvidable,
que entre los árboles jugamos pero no con nuestro amor,
todos los sonidos entonan tu voz para engrandecerte más,
principalmente cuando flores encuentras entre los árboles
y las usas para engrandecer más tu belleza con ellas,
y es tanta la alegría que brota con tu sonrisa y las flores,
que haces que a cada instante me enamore más de ti,
logrando que mi amor por ti cierre todos mis pensamientos,
y sólo en ti piense cuando en el amor caemos tú y yo,
y que logras entrelazar todos mis sentimientos sólo en tu amor,
por eso es mi pasión de ir a los bosques a tu lado,
porque tú y sólo tú los engrandeces con tu sonrisa,
y logras despertar más y más mi amor por ti,

La muerte por cáncer   10-06-2022

¿Cómo vencer esta amargura que en las profundidades de mi
corazón siento su existencia?
y que cada día me sumerge en esta tristeza de mi corazón,
porque cómo no voy a sentir el dolor de haberla perdido,
sí, el haber perdido el amor más grande de mi vida cuando
que ella era la mujer más encantadora y perfecta que encontré,
hoy el pasear por esos jardines que con su belleza nos amábamos,
hoy me entristece porque ya no está conmigo y la soledad me agobia,
porque a su lado resaltaban todas las flores y plantas del jardín,
y que hoy veo como si estuvieran marchitas porque a mi lado no está,
y hoy nada me recobra de esa tristeza y solo vivo en esta angustia,
porque a ella la perdí y hoy sólo son remembranzas del pasado con ella
y que en mi memoria hay y que hoy he tenido que resignarme a su pérdida,
y hoy para mí todo son fracasos y frustraciones porque nada me alienta,
antes todo era lucha por lograr triunfos para poder hacerla feliz,
hoy nada, nada me alienta porque ella ya no está a mi lado,
y nada me ayuda a vivir como en el pasado a su lado,
por eso no veo cómo revivir mis ilusiones y ambiciones en esta soledad,
porque sé que nunca encontraré otro amor como el de ella,
un amor que a todo me impulsaba a luchar para nuestra felicidad,
pero hoy que la muerte me la ha arrebatado no encuentro solución,
sólo espero que a mí también me ataque el cáncer como a ella.

Mi vida frustrada   10-06-22

Hoy en el ocaso de mi vida veo que nada cambia,
que buscando un futuro mejor para mí, veo que no lo hay,
porque me doy cuenta que todo se controla,
y sí, por seres anónimos que todo lo controlan,
el haber perdido la facilidad para trabajar por un accidente,
todo se vuelve frustración porque los ingresos pensionado
no son suficientes para cubrir los gastos de nuestro hogar,
y claro los reproches y las carencias son el pan nuestro,
porque el haber sido descalificado para trabajar en cualquier empleo,
hoy todo se vuelve una lucha constante para cubrir los gastos,
y al no poder trabajar todo es tan difícil y complicado,
por eso hoy me refugio en escribir y escuchar música,
todo para ver si logro un pequeño ingreso más,
pero hasta hoy ha sido más las carencias que las soluciones,
por eso hoy mi vida está llena de frustraciones,
porque nadie quiere ayudarme y sólo me abandonan,
sí, en esta incompetencia y añadiendo la falta de honradez
de mis hermanas que me robaron 75 mil dólares por ayudar a mi madre,
y hoy hasta amenazas de muerte me dan ellas,
por eso siento mi vida en un verdadero fracaso,
y aunque veo gente honrada no veo el castigo a los que me dañaron.

La más grandiosa mujer   10-08-2022

¿Cómo es el gran amor que por ti yo siento?
si a cada momento que a tus ojos veo, en ellos veo amor,
y es el gran misterio que más lucho por lograr,
sí, porque en nadie he descubierto lo que en ti hay,
y sé que lograr el que tú me llegues amar será eterno,
por eso te ruego me digas cómo ser para que me llegues a amar,
porque hoy sí ya no tengo forma para mí de vivir sin ti,
todo en ti encuentro lo más hermoso de una mujer,
una mujer que cómo tú brillas de tantas cualidades,
hoy como te digo la necesidad mía de amarte es infinita,
porque hoy sé que nunca encontré ni encontraré un amor como tú,
tu inspiras mi alma a purificarla para que en mi encuentres un ser igual,
que nunca encuentres en mí un ser maldito que destruya tu ser,
porque yo en ti veo una mujer bendecida por el cielo,
capaz de amar y llevarme en la pureza de nuestras vidas a Dios,
en ti no encuentro nada anormal y sí un alma amorosa,
por eso te ruego, voltea a mí, dame la gracia de llenar mi vida con tu amor,
insisto que tu pureza y belleza son infinitas e inigualables,
hoy sé que ya nunca encontraré a nadie para amarla cómo a ti,
porque encontrar la felicidad en el amor que en ti hay no lo hay,
déjame conquistar tu amor para realizar nuestras vidas en lo más grande
de estas nuestras vidas.

Enamorarnos y unirnos　　　　　　　09-10-22

Hoy he comprendido que el amor ha nacido en nosotros,
que nada ni nadie ahora podrá separarnos en nuestras vidas,
el juramento ante Dios de amarnos eternamente se ha escrito,
y aunque el mundo se oponga tú y yo nunca nos separaremos,
porque nos amaremos tan profundamente sin igual,
porque sabemos que tú y yo nacimos el uno para el otro,
que hoy ha sido el momento de jurarnos amarnos por siempre,
que nadie podrá destruir nuestro amor porque por fin nos unimos,
que desde hoy hemos de luchar completamente por nuestro amor,
ya que nuestro destino ha sido muy grande para unirnos,
porque milagrosamente nuestros caminos se encontraron,
hoy no hay nada que llegue a separarnos por el amor que nos tenemos,
fué tan fuerte el conocernos que inmediatamente nos enamoramos,
nos vimos como lo más ideal por como somos los dos,
porque aún amándonos tenemos que enfrentarnos a un mundo,
un mundo donde existe mucha gente bondadosa pero también cruel,
y al realizar nuestra boda podemos crear nuestra familia,
y es precisamente para lo que debemos enfrentarnos,
que por nuestro amor luchemos por nosotros y nuestra familia,
para que como nosotros los hagamos seres útiles y felices,
nunca nos lastimemos y siempre seamos felices,
que enfrentaremos todo los riesgos de vivir en este mundo.

Recuerdos e ilusiones 10-14-22

Abro y grabo estas escenas del atardecer,
aquí en el jardín de nuestra casa
donde por más de 20 años nuestras hijas y nietos han disfrutado,
pero el abrir mi memoria es tan triste pero a la vez alegre,
porque ya sólo mis nietos son los que juegan aquí,
y los recuerdos brotan en mi mente provocando mi llanto,
hoy quisiera verlos a todos en el jardín disfrutándolo,
porque para mí mi vida siempre ha estado llena de ilusiones,
ilusiones que sé que no todas se han cumplido,
y hoy que veo que mi vida puede acabarse,
me pongo a recordar tantos pasajes de mi vida,
esos que en mi niñez soñaba con lograr los como, ser Ingeniero,
y el recordar aquellas imágenes de los parques y avenidas que en
la Cd. de México se empezaron a realizar en mi niñez y adolescencia,
y luego aquel pasaje mío en la H. Escuela Naval Militar en que
me llevaron a viajes inolvidables a través de Centro América y
América del Norte así como por nuestras costas Mexicanas. Momentos
que para mí fueron inolvidables, esos que siempre tengo en mi mente
como fueron Desfiles, Ceremonias, viajes. En varios lugares que me
hicieron sentir un gran elemento y claro los momentos que me tocó
ir en viajes de prácticas, todos esos pasajes que quisiera que mis hijas
y nietos sintieran la alegría con la que hoy recuerdo esos momentos,
por eso les deseo que tengan grandes emociones, ilusiones, alegrías
y sueños por realizar.

Tú el amor más puro   10-15-22

Desgarrado dejaste mi corazón al abandonarme,
tú que fuiste la más hermosa y llena de cualidades,
tú que me hiciste inspirar mi vida al amor,
tú que me entregaste lo más dulce y sincero de ti,
tú que me expresabas tanto amor a mí,
hoy no puedo concebir el haberte perdido,
tú que me hiciste saber qué era el amor puro y limpio,
tú que me motivaste a engrandecer mi vida,
hoy no entiendo por qué si todo era para llenarte de amor
y todo lo que necesitaras para vivir a mi lado,
todo lo hice para demostrarte cuánto te amaba,
y hoy que has partido, hoy mi desesperación me está
quitando la vida, pues ya sin ti no tengo nada que me aliente,
vivir para ti era mi mayor esfuerzo por tu amor,
hoy no dejo de preguntar al cielo porqué partiste al cielo,
tu vida siempre me hizo ver la pureza que tenías,
hoy no entiendo porque partiste en tu juventud,
hoy ya no tengo tu gran amor ni tu compañía,
hoy no encuentro formas de vivir en esta soledad,
hoy sé que tú estás en el cielo y yo aquí en mi soledad,
siempre entendí que nunca encontraría una mujer como tú,
por eso hoy pregunto al cielo porque te arrebataron de mi lado.

El Angel de mi vida   10-20-22

Tú me has hecho llorar con tu ausencia,
perdido he estado buscándote por las calles y no te encuentro,
y ¡OH Dios! La tristeza de tu ausencia me está doliendo demasiado,
el amarte tanto desde que te conocí ha sido la gloria para mí,
y hoy no puedo ya vivir sin ti ni tu amor,
porque has sido un Angel en mi vida, un ser maravilloso,
tú eres para mí la mujer más perfecta en todo,
jamás conocí a nadie con tan hermosos sentimientos,
sentimientos capaces de llenarme de amor e infinita felicidad,
tú eres y serás siempre lo mejor que pudo pasar en mi vida,
esas mañanas que al empezar el día comenzaban contigo,
se volvían el mejor momento para mí ya que la noche nos caía
y con tus hermosos sentimientos no me daba cuenta de las horas,
tú me hiciste llenarme de riquezas para unir nuestras vidas,
y sé por eso que nadie nos debería separar,
por eso hoy no puedo aceptar el no encontrarte por más que te busco,
yo ya sin ti no sé cómo vivir en esta soledad tan triste para mí,
por eso te ruego estés donde estés vuelve a mí,
que yo llenaré tu vida de grandes ilusiones alegrías y riquezas,
vuelve, vuelve a mí, sé que si lo haces lo harás por mi amor,
porque sabes cuánto te amaré y lo grandioso que será vivir juntos
hasta en la eternidad.

Guerras estúpidas   10-20-22

Veo con pavor, temor y tristeza tantas guerras estúpidas,
guerras que no puedo entender, porque Dios hizo
el mundo sin fronteras ni odios entre los seres humanos,
porque sabiendo que este país ayudo a muchos países a defenderse,
hoy después de terminar sus guerras esos países aliados
se convirtieron en sus peores enemigos causando tantas muertes,
hoy me pregunto el porqué de la gente que acepta pelear en guerras,
cuando podrían cruzar de un país a otro pacíficamente reencontrando
una forma de invertir capital en otros países para crear empresas o
emplearse en las del país al que han cruzado o también trabajar en estos,
que ahí en esos países vecinos podrían vivir mejor,
de uno a otro país sin violencia sino en completa paz y prosperidad,
por ejemplo Rusia y Ucrania porqué no cruzar de uno a otro en paz,
sin ambiciones estúpidas y en completa colaboración los unos con los
otros buscando crear nuevos negocios sin esas estúpidas invasiones,
y mejor creando buenos trabajos para todos, mejores formas de vida,
porqué aceptar invasiones militares matándose los unos a los otros,
cuando se trata de seres de su misma raza e idioma, cultura,
ya que no es necesario esas invasiones cuando se puede vivir en paz,
qué clase de seres dizque humanos somos? Cuando se supone que
somos seres inteligentes y creyentes en Dios sensibles a los sentimientos
porque se supone que somos seres inteligentes para crear Tecnologías,
Leyes, Contabilidad, Escuelas y Universidades para vivir en Paz sin
peligros de muertes, todo lo anterior referente a la maldad me hace
pensar que no somos seres humanos que somos bestias infames y malditas,
porque no actuamos como seres inteligentes, tratando de vivir como
hermanos y no como enemigos.

La maldad de uno 10-21-22

La vida pasando alrededor de uno,
y el hecho de ser odiado, repudiado y rechazado,,
es momento de analizar la clase de ser humano que se es,
y yo he tenido que aceptar que desde niño fuí una mala persona,
porque nunca pude aceptar la maldad de los demás,
hasta mis propios padres no me aceptaron como hijo,
y eso me transformo en un ser que no aceptaba las mentiras,
mentiras de un supuesto cariño de mis padres hacia mí,
porque el vivir en la niñez y la juventud sin un hogar,
todo se vuelve en una miseria convirtiéndolo a uno en una bestia,
y aunque se demuestra amor por uno, se analiza,
y se ve de cuánta falsedad se rodea uno y la bestia que ya se hizo
común en uno, uno hace la vida de los que se rodea uno un infierno,
por lo que cuando se ha maltratado a los que se une uno,
no se puede esperar ninguna clase de perdón,
y por más que se luche por ese perdón no lo habrá,
y la resignación a una vida donde se paga los actos de maldad,
y no queda fácilmente ninguna esperanza de tener armonía,
por eso cuando a la vejez se llega, la vida se acaba rápidamente,
llena de reproches y frialdad quizás como una venganza,
o porque no hay otra forma de convivir.

Dedicarte mi amor   10-22-22

El amor comenzó para mí como el mayor placer al amarte,
todo a mi alrededor se tiñó de grandes lugares,
lugares hermosos en donde empecé a amarte sin barreras,
todo, todo en ti brillaba con el encanto de la naturaleza,
tu sonrisa y tus besos eran como ver y besar una gardenia,
y con el tiempo nuestro amor empezó a crecer sin límites,
amarte cada día era para fincar un amor interminable,
por eso amarte era lo más grande y profundo en mí,
uno y otro beso, hacía latir mi corazón emocionado,
y el amor por ti creció tanto que los meses y los años se fueron
esfumando como el tiempo que pasa sin sentirlo,
por eso al tiempo me entregué para dedicarte mi vida llena de
amor hacia ti, las estrellas y el cielo me impresionaban pensando
en tu amor, porque el calor de tu amor se volvió eterno para mí,
y día y noche solo pensaba en tus besos, tu amor,
por lo que poco a poco me fue induciendo a pedirte unirnos,
y con las notas musicales que me acompañaban,
y con todo mi amor te pedí que nos casáramos por la Iglesia,
y en tus ojos comenzaron a llorar de emoción,
por fin nuestro amor se uniría como el oro con los diamantes,
amor, amor eterno nos uniría.

Un mundo Civilizado y en Paz 10-23-22

Al mundo escribo mis palabras como un mensaje mundial,
el Creador de este mundo y del Universo no tiene
ni ideas políticas ni religiones fanáticas, sus deseos sobre nosotros,
son vivir con toda la Paz mundial posible entre nosotros,
sus obras las vemos en todo el mundo y el universo,
y en ellas no hay creencias políticas ni religiosas fanáticas,
sus creaciones hechas por El y sus Angeles podemos distinguir,
sí, las clases de animales, plantas, flores, frutos,
podemos ver que todos sus seres habitan sus lugares,
lo hacen de acuerdo a sus alimentos necesarios para ellos,
y de acuerdo con cada animal su bestialidad la usa para sobrevivir,
las plantas creadoras de la atmósfera usan sus propiedades,
sí para crear el Oxígeno, el Bióxido de carbón y tantos otros gases,
que el mundo necesita para existir y como el ser humano tiene raciocinio
y sentimientos, debemos encontrar las formas para nuestra existencia,
que con la música y las maravillas naturales podemos
vivir en paz y armonía creando nuestras viviendas y alimentos,
seguro estoy que El no quiere violencia ni guerras entre nosotros,
el que cada Pueblo construya sus lugares para vivir en Paz,
lo pueden hacer con la supervisión de Dios que seguro estoy
de querernos ver vivir sin violencia y menos con fanatismos
ya que debemos crear ciudades seguras y sin peligros si con
reglamentos legales sin abusos ya que debemos crear campos
de cultivos, seleccionar los animales que nos sirvan para el alimento
nuestro, que entre nosotros se creen Doctores, enfermeros, Hospitales
todo lo que necesitamos para vivir, pero vivir sin fanatismos, violencia
y delincuencia, tener Escuelas para todas las edades y sin peligros,
se sabe que la Humanidad ha avanzado en civilizarse por eso debemos
comprender que debemos hacer respetar las Leyes avanzadas y anti
criminales de cada localidad de acuerdo al grupo civilizado de cada
lugar, que debemos terminar con tantos problemas sociales que nos
provocan la delincuencia.

Encontrarte en mi camino   10-25-22

Llegaste en los momentos más tristes y solitarios en mí,
mi vida se había llenado de angustias y soledad,
esas como las que te da la orfandad y el desamparo,
todo porque no fuí un hijo deseado ni querido,
y la forma de vida como huérfano desde que nací fué difícil,
pero al conocerte y recibir aquel primer beso que me diste
por primera vez, me hiciste saber que yo no era un animal
despreciable, de ahí en adelante tus besos llenaron mi ser de amor,
por fin mi vida se transformó para mí llenándose de amor,
y desde entonces comencé a luchar por tener los recursos para
casarme contigo, la vida comenzó a llenarse de pasajes y aventuras
de amor a tu lado, principalmente con tu amor y tu pasión,
por eso cuando logre qué nos casáramos el cielo bajó a nosotros,
y he llorado durante nuestras vidas juntos de felicidad,
porque eso es lo que me diste siempre transformando mi vida,
de ese amor contigo comenzaron a llegar los seres más amados,
nuestras hijas una a una fueron trayendo el paraíso a nosotros,
verlas crecer a tu lado con tu amor mi vida cambió totalmente,
porque a través de los años sus vidas se fueron convirtiendo en
unas verdaderas profesionales en las Universidades de USA,
y en mi vida no hubo ya rastros de soledad o tristeza,
todo, todo con tu amor ha sido como vivir en la Gloria de Dios.

El amor que nos envolvió   10-25-22

Me contagio de amor cuando a una pareja veo besarse,
y es cuando volteó a ti sabiendo cuán feliz me hace un beso tuyo,
porque yo te amo tanto que cualquier señal brota mi amor por ti,
y al paraíso me traslado cuando regreso a ti para amarte,
el cielo nos ilumina con el arcoíris cuando nuestros labios se unen,
y los recuerdos de todos nuestros días juntos se resaltan para
resaltar tanto amor que tú y yo nos hemos profesado,
por eso pienso en la dicha que nos dá el amarnos,
y que nos hemos amado sin trabas ni rencores durante años,
todo es en cada nuevo día una nueva sesión de amor,
y nada ni nadie nos hunde en odios ni rencores entre nosotros,
solo nosotros nos concentramos en nuestro amor,
que los dos vemos lo infinito que es el amarnos,
que cada momento juntos nos da la idea de cuánto nos amamos,
sé que no todos creen nuestro amor que tenemos uno por el otro,
pero que lo hacemos como lo que somos "Seres humanos"
seres que como todos tenemos momentos de todo,
como cansancio, demasiado trabajo y tantas tareas que hacer,
pero que cansados o nó seguimos amándonos intensamente.

La música y yo   10-25-22

Brota en mí la emoción y los sentimientos,
cuando escucho música que le llega a uno al corazón,
y es para mí tantos himnos de canciones que a veces me
hacen llorar porque resaltan tantos variados recuerdos,
que para mí fueron hermosos, desfiles de mi Escuela Naval M,
o ceremonias en las que escuchaba tantas piezas musicales,
que aún hoy me hacen vibrar de emoción por el tipo de música,
haciéndome resaltar tantos recuerdos, tanto amorosos como
de momentos muy románticos o ceremoniosos,
muchos que me hacen pensar en tantos recuerdos imaginarios,
escenas de amor que uno ha bailado con el amor soñado,
música que nos hace pensar en cuánto ama uno a su pareja,
por eso a mí me gusta escuchar conciertos de varios músicos,
porque mi imaginación vuela a tantos lugares o hechos de mi vida,
que si poco a poco fuí siendo feliz logrando mis sueños,
y que con música resaltan en mi mente por haber logrado muchos,
también música que nos ha hecho bailar con nuestro amor,
o con nuestros hijos, siendo niños, o jóvenes, por eso pienso que
la música me llena de recuerdos y alegrías y por eso es mi afición
a ella pero principalmente a grandes obras musicales a veces
antiguas o algunas modernas para bailarlas principalmente con el
amor de mi vida.

Mi niñez   27-10-22

Pensar que pude sobrevivir en la orfandad desde que nací,
que aunque mi madre me vivió casi toda mi vida,
fué muy poco lo que a su lado viví, inclusive desde que yo
era un bebé no la tenía por ese padre que la vida me dió y que
nunca me reconoció como hijo a mi madre la golpeaba
mucho hasta que se separaron aumentando nuestra soledad,
ya que tuvimos que irnos a vivir con la mamá de mi madre y ella
tuvo que ponerse a trabajar y en la casa de mi abuela la vida fué
también difícil porque ahí nos sentíamos más solos que atendidos
y a mi hermana mayor y a mí nos puso en orfanatorios, yo lloraba tanto
que en mi desesperación me provoqué una pulmonía casi mortal,
y al reponerme me llevó a vivir con mi abuela otra vez con soledad,
como una Tía, hermana de mi padre se iba a casar nos llevó mi abuelo a
Morelia, viviendo nosotros 2 años mejor atendidos, pero mi madre que se
había unido a un Ingeniero, nos secuestró para llevarnos a vivir con ellos
pero él no me quería al lado de ellos y me obligaba a trabajar en lo que
fuera viviendo yo en un cuarto de 1.5 mts x 1.5mts en la azotea del edificio
donde vivían, y el frio y la lluvia, la soledad y la falta de alimentos fué
mi vivir ahí por 3 años, después me quedé en el departamento por casi 4 años,
porque ellos se fueron a vivir a Nayarit y a Sonora por casi 4 años viviendo y
trabajando hasta que me inscribí en la H. Escuela Naval M. por 3 años algo
muy grandioso lo que viví ahí, pero me fuí a Monterrey y ahí traté de
estudiar la carrera de Ing. Mec. Elect. Que también por falta de recursos
trabajando y estudiando y por una huelga nacional dejé de estudiar y lo
siguiente fue casarme y hasta hoy es mi forma de vida.

Mi país adorado   11-01-22

Es en el mundo
mi país adorado
Argentina es donde te encuentro

Tú que en ti tienes el encanto Argentino
en ti encuentro el amor y la adoración
sí, a tus encantos
y al cielo ruego porque en ti se llenen
sí, más de grandes sentimientos
que me darán la alegría tan anhelada

Que como en un tango he soñado tanto
y contigo sentir tu gran belleza y bailarlo
como de tu país existe
y al cielo ruego también
para llegar a tu tierra soñada

Y me permitan también encontrarte
para con tu belleza Argentina
tú me des el camino a la gloria
por la grandeza de tus sentimientos

En mi juventud quien inspiró mi ser
a adorar a Argentina fué
Eva Perón y los grandes Tangos
hoy eres tú Evangelina quien llena
de virtudes y de amor me inspira
a seguir amando a Argentina y a ti.

Encontrar el amor real   11-01-22

Siento que mis recuerdos de todos los que a mi lado vivieron,
hoy la tristeza me embarga porque debo buscarlos,
y me cuesta mucho trabajo y tiempo para verlos,
pero hoy que las tragedias se han trastornado en mi memoria,
tantos problemas que a mi lado existieron,
y que hoy no puedo borrarlos de mi memoria,
hoy pregunto porqué muchos problemas para mí son trágicos,
y para los demás no, tan solo los califican como rutina,
yo hoy veo el renacer de mis mayores sueños,
porque hoy me doy cuenta que si puede haber amor,
un amor sin condiciones dispuesto a entregar todo el amor,
la razón principal es la identificación real de nuestros sentimientos,
los que hoy nos enseñan cuánto se puede amar a quien me
demuestre su gran corazón y sus tiernos sentimientos,
por eso hoy estoy tan convencido del amor real y eterno,
por eso hoy debo trabajar por lograr una unión feliz,
por eso hoy doy gracias al cielo por esa nueva vida que he
encontrado y es elogioso nuestro amor porque está lleno de
buenos propósitos para que nos amemos hasta la eternidad misma.

Odios incomprensibles   11-01-22

En el horizonte veo el esplendor del amanecer,
y en los colores del cielo imagino el día que tendré,
porque mi vida siempre ha estado marcada,
la antipatía que me reprochan me produce tantos fracasos,
fracasos como en el amor y la amistad,
siempre dedicado a ganarme la confianza y la aceptación,
pero veo que por mi personalidad no es fácil ser aceptado,
y a pesar de tanto amor que he dado poca respuesta encuentro,
sé que cuando uno es un ser antipático y feo,
nadie o pocos son los que lo aceptan a uno,
me enamoré varias veces y poca fué la respuesta que tuve,
que mujeres muy hermosas no me aceptaron,
¿Qué fué lo que mi rostro expresaría para nunca ser bien aceptado?
Porque vivir con esa incógnita de no saber lo que la gente siente,
el recibir críticas por mí mirada fue también frustrante,
porque el que me dijeran en la Escuela Naval Militar lo siguiente
Si las miradas mataran ud. ya me hubiese fulminado,
algo que me hizo ver cuánto la gente me odiaba,
hoy que casi a la tumba estoy llegando,
hoy me siento más tranquilo al saber comprender esos odios,
odios que yo no propicié pero que los tuve desde que nací.

Mariela G Puente   11-02-22

Eres una imagen tan angelical
que tu rostro resalta del amor leal
porqué tú tienes un alma pura y real
llena de virtudes y sinceridad celestial
en ti sí encontré la pareja de amor ideal

En mi caminar me crucé contigo por tu camino
y al ver tu rostro, tus ojos me impresionaron
tanto que en ellos ví la gran belleza que tu ser guarda
tanta fué mi impresión que no dejé de buscarte
pero tu vida estaba guardada por tus grandes virtudes

Eres una gran mujer llena de belleza y cualidades
todo en ti es espectacular siendo una mujer de gran familia
y a la vez iluminada por el cielo para tu grandiosidad
tu belleza es tan impactante como la tierra de Jalisco
lugar que te vio nacer y crecer con tu belleza
eres como un ramo de rosas y gardenias belleza y aromas

Con tus ojos me profundicé en la belleza de tu rostro
creando en mi corazón una gran sensación de amor
amor que solo a ti profesaré por tu gran belleza
y el cielo te ilumina siempre para no dejarte de amar
que el cielo te conserve para toda una vida de amor.

Tú lo ideal   05-11-22

La noche ha caído y mis ilusiones brotan
porque el ver tu caminar en mis caminos
salen a mi mente tantas imágenes hermosas
que se llena mi corazón del amor que me dan
desde que te conocí mi corazón las besa en mi mente,
sé que aún no he llenado tu corazón de imágenes hermosas
que como a mí me dan esos sentimientos de amor

Amarte ha sido mi mayor logro de amor por ti
pero llenar todas mis ambiciones de amor de ti hacia mí
el caminar por entre las flores imaginando tu amor a mí
un amor pleno y emocionante que mi vida espera de ti
por eso me inclino ante Dios para abrir mi corazón por ti

La música me inspira a perseguir tu fortaleza en el amor
dándome la idea firme de unir nuestros corazones con valor,
porque amarnos nos forjará un destino pleno sin dolor,
lucharemos ante cualquier adversidad para unirnos con valor
para amarnos ante cualquier lucha por vivir con amor

Pensar en ti, es porque tú eres el sol que me ilumina
la intensidad de tus sentimientos son como el sol que nos ilumina
en ti no encuentro dudas para amarte y cobijarme con tu amor
porque no eres tú la que amargaría mi vida por tus encantos
y hoy sólo espero el momento de unir nuestras vidas por siempre
porque tú y sólo tú se ha llenado mi mente como la mujer ideal.

Te imploro amarme   06-11-22

Dijiste que me amabas intensamente y no veo cómo
porque tu indiferencia hiere mis sentimientos
no veo tu amor porque ni siquiera me besas
haces que mi ser desfallezca en todos mis deseos
he besado tus manos y no veo ni siquiera tu suspiros

Tú eres para mí la mujer más sagrada y amada
pero me rehúyes tanto que no sé si realmente me amas
suspiro pensando en tu rostro y siento amarte más
siempre deseé que un día me amaras, pero cómo creerlo
ya que me ignoras tanto a pesar de que a mi lado estás

Sé que por mí te esfuerzas por darme tus atenciones
pero yo prefiero lo profundo del amor que antes me dabas
no dejes que mi alma sufra por la falta de tu consuelo
mira que el amor que en mis entrañas te profeso es tuyo
dame tú tu amor que seguro estoy en tu profundidad está

Tu imagen y tú ternura las llevo en mi corazón
y yo no puedo existir en esta soledad de mi corazón
te amo y te amaré sobre todas las maldades que encuentre
no me dejes caer en esta amargura que hoy domina mi mente
ámame, con todo mis ruegos te lo imploraré siempre.

Yo y mi vida   07-11-22

¿Cómo considerarme un ser de este mundo?
cuándo veo tanta maldad por todas partes
ya que desde niño me topé con tanta violencia,
crecer con esa angustia cada día era difícil,
cuándo no sabía lo que enfrentaría cada día,
amar a nuestros padres es lo más común en todas las familias,
pero yo casi no los tenía desde que nací, sólo a
mi madre y no siempre estaba a mi lado,
y como yo no los tenía siempre alegría no la había,
cada día lágrimas eran muy frecuentes en mí,
y el hambre y la sed eran muy comunes en mí también,
siempre llorando y tristeando por la soledad,
y saber lo que cada día me esperaba era común,
todo, todo era angustia y tristeza por la soledad,
inclusive en la escuela sólo discriminación y violencia
encontraba por ser de aspecto rubio con ojos de color,
cómo poder crecer con alegría si no la tenía conmigo,
por eso me enfrenté a mí mismo buscando soluciones,
soluciones que me ayudaran a cambiar mi vida,
estudiando y aprendiendo oficios para trabajar,
por lo que poco a poco mi vida la fuí cambiando,
inyectando en mí los propósitos que me hicieron diferente,
y grandes propósitos cumplí por lo que hoy me siento
liberado de la miseria y la tristeza.

La vida   11-10-22

Veo correr los ríos por las montañas
y así deseo que corran nuestras almas
sí por la grandiosidad del gran amor que me das
porque en la belleza de los ríos pienso en tus bellezas
porque no puedo dejar de pensar en tus alegrías

Cómo despreciar las maravillas naturales
cuándo sabemos que nos dan existencia con amores
porque de ellas podemos amarnos y vivir alegres
quien puede dudar de las maravillas que nos da la vida
porque así como nosotros la tenemos la tienen los animales

Por eso pienso que así como los animales encuentran vida
así mismo pienso en el amor que nos da vida
vida que puede llevarnos a la gloria del amor
que es lo que todo ser humano busca con todo su amor
para que la vida siga multiplicándose con amor

Que la naturaleza haga crecer y florecer el mundo en que vivimos
y así nosotros lo convirtamos en el paraíso que buscamos
porque a la vida y a la naturaleza hemos sido traídos
para crear la vida que tenemos en este mundo del cual somos
por eso yo me siento vivir en este mundo como en la gloria que deseamos.

Tú y yo con la música   11-10-22

Conmueves todo mi ser con tu música y tú bailar,
agitas mi entender para bailar al ritmo de tu música,
que hace temblar mi corazón de emoción a tu lado,
pensar en toda la alegría que me da tu música,
y las verdaderas palabras que formas con tu música,
por lo que resalta con toda su fuerza para quien amo,
hoy quisiera bailar más contigo porque amarte con
música es un placer inagotable, algo que no puedo detener,
te amo con todo mi corazón y esta música es como te amo a ti,
perdona todo lo que en mí no encontraste porque yo si
encontré una gloria especial a tu lado con esta música,
se engalana para nunca, nunca dejar de amarlas a ti y la música,
soy tan feliz contigo a tu lado que no sé cómo describirlo,
bailo, bailo y te canto a ti mi mujer tan amada,
déjame bailar y cantarte mi canción de amor para hacerte feliz,
eres tú lo más glorioso adornada con música,
por eso te pido desfilar y bailar toda la música,
porque es lo más hermoso para mí en esta vida,
ven, bailemos, bailemos hasta el cansancio,
que después tendremos nuestro baile apasionado,
engalanado con la música que a ti te transforma en
un ángel de amor.

Septiembre 1967   12-11-22

La tarde caía y en mí, la ansiedad por salir me apuraba,
tratar de ver el río que un huracán había activado,
y salí y me impactó cuando te ví y tú te detuviste,
entonces ví tus ojos, tu rostro y el esplendor en ti,
y como si estuvieras en las puertas del paraíso ahí te encontré,
todo como si estuviese viendo lo que a tu lado viviría,
todo con amor, emoción, angustia, toda una vida por delante,
y 5 hijas que trajimos al mundo que llenaron todas nuestras ilusiones,
porque contigo y ellas el cielo bajó a nosotros,
hoy que más de 50 años han pasado desde ese momento,
todo con nuestras hijas y tu amor se volvió una realidad,
hoy al cielo ruego porque me dé más tiempo,
sí, para vivir más al lado de ustedes porque a donde iré no lo sé,
es como pensar en llegar al cielo y a la gloria celestial,
cómo no desear llegar ahí cuando esa ansiedad me empujó,
a encontrarme contigo y formar una vida grandiosa,
hoy quiero dar todo mi ser porque tengan un futuro seguro,
y que tú me puedas recordar en todos los momentos que tuvimos
para traer a cada una de nuestras adoradas y hermosas hijas,
hijas que hoy son el orgullo de nuestras almas y que orando
a Dios y al cielo demos las gracias eternas por lo que vivimos.

A ti madre amada   11-16-22

Los años han pasado desde tu partida,
sé que no fuí para despedirme de ti,
rodeada estabas de quien como siempre me afectaron,
triste sí al no haber estado ahí cuando te fuiste,
pero mis recuerdos son aun tan tristes y fuertes,
porque la soledad en que me hiciste vivir no la olvido,
fué mucho el sufrimiento desde que nací,
sé también que tú no tuviste una vida normal,
que mi padre te trató criminalmente sin ningún castigo,
sé que parte de mi niñez y juventud me sirvió,
sí, para madurar y enfrentar vivir en esta vida,
una vida de crueldades, crímenes, vicios, degeneraciones,
tanta maldad que enfrentarla es tan difícil pero lo he hecho,
hasta hoy mi vida la enfrentado con valor y ambiciones,
sé que no he logrado totalmente lo que me propuse
pero sólo espero ustedes que juntos están,
desde la gloria donde están me ayuden a mejorar,
porque de esta vida no quiero partir sin dejar a mis hijas sin
una vida que pueda decirse segura,
por eso invoco tu ayuda así como yo te ayudé en tu vida
poco, pero lo hice.

Un ángel de amor   11-20-22

Iluminaste mi vida con tu amor.
tu presencia ha sido como la luna en el cielo,
porque es así como yo te veo y te siento,
como la mejor ilusión de amor que ha habido en mi vida,
ahora yo no puedo pensar en alejarte de mí,
porque eres tú el ángel que ha bajado a amarme,
el pensar siempre en ti y tu amor, se convirtió mi vida,
hoy la esperanza de unir nuestras vidas me asombra,
y no cejaré hasta lograr unirme a ti el ángel de amor que eres,
porque hasta ahora no se ha cruzado nadie en mi vida,
y me he propuesto que al unir nuestras vidas seas muy dichosa,
porque amarte como la mujer de mi vida no tiene precio,
nos rodea un mundo difícil de vivir que sólo luchando se puede lograr,
y yo no descansaré hasta lograr nuestro amor,
yo veo en ti y en tus ojos la sencillez y la grandeza en ti,
esa por la que has sido enviada a mi camino,
yo debo mi vida a ti y a lo que logremos crear con amor,
porque para mí sólo tú tienes la virtud para ser ese ángel que eres,
tu voz y tus cualidades las haces resaltar con tu voz,
porque hasta cuando cantas tu voz es angelical,
así como lo que expresas de ti misma de lo hermosa que eres,
por eso te pido la gran idea de unir nuestro amor.

La gran cantante Grace Moore   11-20-22

El cantar de una estrella como tú,
es la gran forma de abrir nuestros corazones al amor,
oír tu voz ha sido uno de mis más grandes hechos,
una voz y actuación como la tuya ha sido lo máximo,
hoy me lleno de grandes sentimientos con tu cantar,
nada me entristece más que no escucharte,
a nadie he escuchado cantar como tú,
llenas mi corazón y mi alma de amor con tu cantar,
no había escuchado cantos tan hermosos como los tuyos,
seguir en la escucha de tus canciones es una gloria,
unos cantos que hacen remontarme a tu vivir,
considerándolos como una llave de amor,
porque ilusionas y me haces soñar estar a tu lado,
por eso digo ¿Cómo no escucharte?
en especial "Madame Butterfly" un verdadero sueño de amor,
ya que como lo dije anteriormente,
tú eres un sueño de amor con tus cantos,
cantos que deseo no se acaben nunca ni desaparezcan,
sin embargo el saber que partiste de esta vida,
y que nunca podremos volver a verte en esta vida,
fué muy doloroso por la forma en que tu partiste,
pero te imagino ser un Angel en el cielo cantando.

Tu cantar y tu amor   12-03-22

Oír tu canto enaltece mis sentimientos para el amor,
escucharte es entrar a la gloria de los cantos celestiales de amor,
y mi tristeza desaparece al escuchar tu voz y tu cantar,
en mi alma dejar de amarte es imposible por tu amor,
solo tú has podido grabar en mi alma tu amor,

Tus sonrisas son iluminadas por el sol en ti,
y el amor que despertaste con tu gran corazón en mí,
oírte cantar y mirarme a los ojos sé que es tu amor hacía mí,
por eso nunca podré desechar mi amor y pasión por ti,
porque en tus ojos he encontrado el amor ideal en ti,

La vida me la has enseñado con tu cantar y tu amor,
hoy sé que nada en este mundo puede ser mejor,
porque con tus cualidades y formas de amarme es lo mejor,
sí, está en tu amor y tu personalidad llena de amor,
por lo que al cielo y a ti ruego porque me sigas dando tu amor,

Hoy sé que a través de tu corazón encontraré la felicidad en ti,
nada, nada hay en el mundo que se compare a ti,
amarte hoy es sólo mi camino a seguir por la grandeza que hay en ti,
por eso, hoy te ruego, ven, compartamos nuestras vidas con felicidad,
que los dos encontraremos el grandioso camino a la felicidad,
que será eterna e infinita nuestra felicidad.

Amarte con fervor

Enamorarme de ti había sido mi gran sueño,
hoy que puedo amarte, hoy lo hago con toda mi pasión,
porque amar a un ser como tú, no hay otra igual,
hoy sé que te amaré por siempre por tus virtudes,
que en nada podré pensar más que en amarte,
cada amanecer me dedicaré a amarte hasta cada noche,
tú eres la más bella y virtuosa en este mundo para mí,
cantaré, trabajaré y mi vida te entregaré siempre para tu felicidad,
porque tú eres la mujer más apreciada en este mundo para mí,
porque nadie como tú me hace disfrutar de la vida,
por eso hoy sólo pienso en mi dedicación hacia ti,
amarte hoy es el encanto de vivir con todo lo ideal,
que sé que debo buscar el mejor lugar para nuestra unión,
eso es a lo que hoy más me he dedicado por tu amor,
y busco un lugar que a ti te haga feliz para amarme,
que he de rodearte de canciones de amor y dulzura,
para que nada empañe nuestras vidas felices,
que si formamos nuestro mundo todo será con amor,
sin mentiras ni sufrimientos que a la vida le debemos,
siempre como una oración diaria en que será nuestra labor,
amarnos sin trabas ni sufrimientos sólo dedicados a Dios,
y también a sus mandamientos que yo te amaré con fervor.

La vida y sus recuerdos   4-12-22

Amar la vida que se ha vivido es,
tan difícil principalmente por todo lo que se vivió,
pero que en la vida, difícil es volver a vivir esos momentos,
momentos que siempre llevamos en el corazón,
porque fueron los momentos más significativos,
principalmente aquellos tan hermosos y a la vez tan duros,
porque realizar momentos de felicidad es muy difícil,
y cuando los realizamos se graban tan especialmente,
que después a través de los años en que queremos revivirlos
imposibles son muchos, porque ya no existen los seres
con quienes vivimos esos momentos inolvidables,
por eso uno se ciega y las lágrimas brotan inmensamente,
y más duele cuando los deseamos revivir escuchando la música
de aquellos momentos tan hermosos que vivimos,
y qué decir de nuestra juventud y niñez,
o de los momentos de los estudios y graduaciones,
o de los triunfos en los empleos en que sobresalimos,
pero cuando los años pasan y el vivir en esta vida,
vida que muchas veces es tan dolorosa y difícil,
por lo que se sufre mucho cuando a la vejez se llega,
porque entonces ya se hace más difícil cada momento,
pero que recordarlos en cierta forma es revivirlos.

La Pandemia   5-12-22

La epidemia del coronavirus ha seguido matando gente,
pero lo más temeroso es que aunque hoy se tienen vacunas
la gente sigue en su necedad de no vacunarse,
originando que sigan muriendo por no vacunarse,
y siguen llenándose de pacientes contagiados los Hospitales,
muriendo muchos de ellos y a pesar de que ya hay vacunas
para niños de meses hasta adultos, la epidemia sigue matando,
todo por no querer vacunar ni a los niños, adolescentes o adultos,
lo que ha provocado demasiados muertos contagiados,
por eso cómo juzgar a esa gente que hace entrar en pánico
a los que creemos en las vacunas por su eficacia,
cómo juzgar a esa gente que no quiere creer en las vacunas,
hoy es la epidemia del coronavirus pero también son las variantes,
más doloroso ahora es que están muriendo niños menores de 5 años,
todo por lo mismo, no querer aceptar la vacuna cuando siguen
apareciendo nuevas variantes y nuevos virus y la gente necia,
ya que no quieren vacunarse o vacunar a sus hijos,
y a pesar de la Pandemia los Doctores (as) y enfermeros (as) siguen
luchando por salvar la vida de esa gente necia que no quiere aceptar,
por eso yo estoy pendiente de las fechas en que hay que renovar
las vacunas con las nuevas vacunas de refuerzo, que sí ayudan
porque hasta ahora no hemos padecido gravemente la epidemia,
sí, algunas de nuestras hijas han padecido pero no gravemente,
por eso yo le doy las gracias a los Doctores (as) y enfermeros (as) a los
Laboratorios que han creado las vacunas y sus refuerzos y también
a los Doctores (as) enfermeros (as) que nos atienden, yo sigo orando
porque toda mi familia sigan con las vacunas y sus refuerzos.

El más grande amor de mi vida   5-12-22

Vivo mi vida soñando con el alma dedicada a ti,
por todo el amor que en mi fincaste,
porque sé que tu amor tan fuerte es una esperanza
para ti y de esa forma vives tu vida luchando por mí,
hoy que he comprendido, tu lucha es la mía,
sí la que debo entregar a ti por tu gran devoción,
esa con la que quieres ganarte el amor de todos los tuyos,
porque esa familia que creamos son tus metas,
por eso yo te apoyo y me dedico a darte lo que necesitas
para así lograrlo, sé cuán difícil ha sido demostrarnos el amor
por nosotros, por eso yo te imploro déjame entregarte mi vida,
especialmente cuando deseas ganarte el amor de Dios,
no se puede vivir como un parásito en esta vida,
por eso hoy que he comprendido tu lucha yo me uno
para encontrarte y así empatar nuestras vidas en el amor
y la pureza de sentimientos, dejar los errores con que viví
abandonarlos ante ti porque siempre lucharé para demostrarte
lo que eres para mí, siempre he pensado en ti como meta en mi vida,
que todo lo que vaya pasando en nuestras vidas,
todo quede en el pasado y sirva para regenerar mi amor por ti,
y así poder eternizarnos hasta la eternidad.

¿Recuerdos?   18-12-22

No puedo negar la tristeza que los recuerdos me dan,
porque han pasado años de los desfiles de mis hijas,
cada vez que veo esos desfiles anuales las lágrimas brotan en mí,
porque en mi mente veo a mis pequeñas en esos desfiles,
sé que es en mi imaginación lo que veo porque no es real,
pero el sentimiento no lo pierdo y mis recuerdos brotan,
así vienen a mi mente tantos recuerdos de mi vida,
así como los desfiles en que yo desfilé como Cadete de la HENM,
recordar tantos momentos como los cumpleaños de mi madre,
las estadías con mis Abuelos en su casa en Morelia,
caminar por la avenida principal de mi Morelia donde nací,
cómo, cómo no sentir esos deseos de llorar cuando mi mente se
llena de todo lo hermoso que viví, cuando prometí por siempre
por siempre la amaré y el amor me bañó por 54 años sin dejar de amar,
por eso hoy me concentro en escuchar la música de esos tiempos,
poder llenarme de toda clase de recuerdos y si lo hago,
es porque sé que el camino al final de mi vida está cerca,
y querer vivir ahora todos esos años es difícil, por eso me resigno
a recordar y vivir lo que pueda en el tiempo que me quede.

La verdadera Música   21-12-22

Cómo no sentir los deseos de llorar al recordar el pasado,
ver esos grandes momentos de verdaderos cantos y música,
de grandes cantantes que lo hacen a uno pensar,
sí, en las mayores alegrías que la vida nos dió nuestro vivir,
pero que junto a grandes desgracias lloramos por ellas,
yo que no fuí el hombre ideal si me volví algo por la música,
porque al escuchar durante tantos años la música de Burt Bacharack,
y la voz de Dionne Warwick con sus canciones tan hermosas,
y qué decir de la voz de Dionne cantándolas,
tantos años escuchándolos y los recuerdos de esos años quedándose en mí,
y escuchar a cantantes como Frank Sinatra Dean Martin, Barbra Streissand
Julie Andrews y en México Jorge Negrete, Agustín Lara, María Victoria,
y tantos Cantantes y Músicos Profesionales que cantaban y componían
profesionalmente y que así adornaron nuestras vidas así como los cantantes
de Opera como Grace Moore Luciano Pavarotí y otros tantos cantantes
tenores,
Barítonos y tantos que para mí fueron almas que alegraron mi vida con
sus cantos y música y que hoy al escuchar cualquiera de ellos me remonto
inmediatamente a mis memorias y mi vida en los momentos que viví al oírlos,
por eso hoy yo busco escucharlos en aquellos años en que lo hacían en
espectáculos muy famosos.

Los vinos alcoholizados   23-12-22

Cómo me gustaría platicar con los que nos crearon,
y no digo Dios porque sé cuán difícil es hablar con El,
pero lo que me ensombrece es ver tantas tragedias,
tragedias que se hicieron desde la creación del ser humano,
tanta envidia, rencores, ambiciones y tantos sacrilegios,
pero una de mis más grandes preguntas es porqué producir
el alcohol cuando el que lo toma ha caído en tantas tragedias,
y claro los que lo producen en bebidas embriagantes se enriquecen,
y sí sin importarles tantas tragedias que caen quien lo consume,
tantos grandes personajes que cuando caen en el vicio del
alcohol se destruyen así mismos y los crímenes que cometen
cuando embriagados andan por el alcohol y esa es mi pregunta
por qué permiten ya que muchos grandes personajes durante siglos
se han destruido así mismos y a los que los rodearon les mataron algunos,
yo pregunto por qué permiten la producción en vinos sé que es un
elemento que cura y limpia las peores enfermedades, pero yo entiendo
es un error del ser humano pero lo pudieron arreglar para que no sea ese uso,
ya que al vino alcoholizado, yo no le veo ninguna utilidad,
más que el enriquecimiento de gentes malignas,
gentes que saben perfectamente lo que ocasionan con sus vinos,
por eso pregunto y pido que se desaparezcan esos vinos.

Navidad   26-12-22

Hoy mi corazón absorbe toda la tristeza del pasado,
el ver que el tiempo ha pasado y que mis grandes amores
han hecho sus vidas algo espectacular, pero triste a la vez
el saber que ya no son las bebés que tanto cuidamos,
pero lo que más duele es el amor, ya que cuando lo hubo
duró tan poco tiempo y el paso del tiempo esperando ese amor
duele demasiado hoy que me concentro en el amanecer o atardecer,
mí vida se entristece más porque hoy nada es igual,
la soledad duele demasiado siempre esperando lo que ya no es
fácil que venga a nosotros como lo fué en el pasado,
reunirnos hoy en la navidad y que en ese entonces era esplendoroso,
pero hoy al día siguiente las lágrimas corren en nuestros ojos,
sí, porque todos ellos ya no están como en el pasado,
por eso la tristeza la absorbe mi corazón ante lo que no fué,
y después de cada navidad siempre esperamos la siguiente,
hoy comprendo que la vida no es fácil aunque cumplamos el deber,
sí, en nuestras obligaciones con todo el amor que les tenemos,
y estamos pendientes en todo lo que necesitan,
porque el amor a los nuestros está en nosotros y sólo el viaje
al más allá nos alejará para siempre.

Mi niñez y adolescencia   27-10-22

Pensar que pude sobrevivir en la orfandad desde que nací,
que aunque mi madre me vivió casi toda mi vida,
fué muy poco lo que a su lado viví, inclusive desde que yo
era un bebé no la tenía por ese padre que la vida me dió y que
nunca me reconoció como hijo a mi madre la golpeaba
mucho hasta que se separaron aumentando nuestra soledad,
ya que tuvimos que irnos a vivir con la mamá de mi madre y ella
tuvo que ponerse a trabajar y en la casa de mi abuela la vida fué
también difícil porque ahí nos sentíamos más solos que atendidos
y a mi hermana mayor y a mí nos puso en orfanatorios, yo lloraba tanto
que en mi desesperación me provoqué una pulmonía casi mortal,
y al reponerme me llevó a vivir con mi abuela otra vez con soledad,
como una Tía, hermana de mi padre se iba a casar nos llevó mi abuelo a
Morelia, viviendo nosotros 2 años mejor atendidos, pero mi madre que se
había unido a un Ingeniero, nos secuestró para llevarnos a vivir con ellos
pero él no me quería al lado de ellos y me obligaba a trabajar en lo que
fuera viviendo yo en un cuarto de 1.5 mts x 1.5mts en la azotea del edificio
donde vivían, y el frio y la lluvia, la soledad y la falta de alimentos fué
mi vivir ahí por 3 años, después me quedé en el departamento por casi 4 años,
porque ellos se fueron a vivir a Nayarit y a Sonora por casi 4 años viviendo y
trabajando hasta que me inscribí en la H. Escuela Naval M. por 3 años algo
muy grandioso lo que viví ahí, pero me fuí a Monterrey y ahí traté de
estudiar la carrera de Ing. Mec. Elect. Que también por falta de recursos
trabajando y estudiando y por una huelga nacional dejé de estudiar y lo
siguiente fue casarme y hasta hoy es mi forma de vida.

Las mejores canciones   28-12-22

El mayor encanto de mi vida es escuchar cantantes y orquestas
Interpretando tales canciones que despiertan en mí tantos sentimientos,
cómo Amazing Grace, Somewhere in time, Madam butterfly,
Grace Moore, Ana María Martínez, y tantos otros cantantes y
cómo Barbra Streisand The way we were, tantos,
cantantes y canciones inolvidables que me hacen amar el tiempo,
para oírles canciones que me hacen amar el tiempo y recordar
que también me hacen llorar por lo que dicen en sus canciones,
que también me hacen recordar esos momentos de amor, alegrías, tristeza,
y de dolor, y que me hacen pensar en mis ilusiones o viajes, enfermedades,
el nacimiento de mis hijas y también de las muertes de mis seres amados,
hoy le pido al amor que vuelva a mí porque en mí hay tantas tragedias,
odios, rencores, pero también amor intenso y vivir en las sombras de eso
es doloroso, por eso pido que el amor regrese a mí que me deje ser feliz,
en especial por esta incógnita que he caído ya que la muerte nos lleva rápido,
la que yo espero que todavía se tarde en llegar a mí y me deje vivir más tiempo,
yo deseo tanto ese amor que tanto me ilusionó toda mi vida para que me
dure más,
hoy son tantos los enredos para lograr el amor que no pienso parar hasta
hacerlo volver a mí por todo ese cúmulo de sentimientos de amor que siento
por ella, la mujer que dió amor e ilusiones en nuestras vidas.

La tristeza de la vida   29-12-22

Mi vida se entristece cada día más con lo que veo,
con tu frialdad aumenta más las tragedias que veo,
tu sabes que mi vida estuvo siempre llena de soledad,
que casi nunca tuve en mi niñez y juventud amor y compañía,
esa alegría de vivir que por todos lados veía en las familias,
que desde que nací todos me hicieron sentir sus odios,
que trate de obtener estudios que me hicieran sentir ser alguien útil,
pero aún así con grandes posiciones nada era fácil,
que en esta vida yo aprendí que se lucha mucho para ser alguien,
sí por sobrevivir ante tanta envidia y maldades de la gente,
yo te encontré en el camino de mi vida y me enamoré de ti,
y me llené de tanta emoción para conquistar tu amor,
y a través de los años que de amor y pasión y tristezas,
no he sentido el haberte hecho feliz en tu vida como esperabas de mí,
y que decir de la falta de tantos deseos de nuestras hijas,
el no haber tenido los medios necesarios hubo muchas frustraciones,
pero mi amor y mis deseos por tu felicidad y la de ellas como deseaban,
pero no la he reducido, tú sabes cuánto las amo y seguí luchando,
aunque lleno de tristeza y frustraciones he seguido buscando ayudarles,
sé cuánto han logrado ellas con sus vidas y sus estudios,
que apoyadas por tu dedicación y mis esfuerzos han logrado sus metas,
pero mi tristeza y el sentimiento de soledad no lo he perdido,
por eso hoy te ruego tu ayuda que ayudes a vencer esa soledad,
más con tu amor y pasión en mi vivir esperando mi final,
que deseo tanto que sea en medio de mucho amor y felicidad rodeado
de grandes paisajes y de mis grandes amores.

Caminaste por los cerezos 30-12-22

En el jardín de mis cerezos caminaste con tu belleza,
y me impactaste con tu belleza en el grado que hoy
comprendo que sólo tu existes para mí por tu grandeza,
porque en el rincón de mis pensamientos hoy sólo estas tú,
que sólo tú impulsas mi corazón al amor por el ensueño tuyo,
que amarte es hoy la mayor de mis esperanzas como eres,
porque veo que eres una mujer tan virginal como nadie,
que me has hecho sentir que mi vida te la debo entregar a ti,
porque veo tantas virtudes como belleza y bondad en ti,
que hoy debo llenar tus caminos de flores que te adornen,
porque entiendo que debo luchar por conquistar tu amor,
porque en tus palabras he entendido cómo eres y lo que deseas,
sé que debo emplear el tiempo para convencerte de mi amor,
que el llegar a tu amor no es la forma de llegar a él sin despertar
tu amor, que tú eres una mujer muy especial para ser feliz a tu lado,
sé que caminaste por mis cerezos sin conocer mi alma,
y hoy al cielo pido que me ayude a llegar a tu amor con mis anhelos,
sé que los días han pasado desde que nos conocimos,
pero hoy mi alma, mi mente y mi corazón están enfocados a ti,
y sólo a ti, porque nunca en mi vida me había cruzado con alguien
tan hermosa y sensual como tú por lo que estoy dispuesto a todo por ti,
déjame llegar a ti para abrirte mis palabras y de esa forma pueda
llegar a tu corazón y convencerte de cuanto te puedo llegar a amar.

Lluvia   31-12-22

En la oscuridad del cielo por las nubes, la lluvia cae,
y es el momento que todos esperábamos por la sequía,
porque la sequía estaba acabando con nuestros plantíos,
y siempre veíamos la austeridad de las nubes que casi no había,
el temor de no tener agua de lluvia crecía por los incendios,
ya que así sin lluvias eran más fácil los incendios en los valles,
también la sequía de nuestras plantas y flores se secaban,
la belleza de nuestros jardines fallecían por la falta de agua,
todo por la gran sequía que nos trajo el tiempo seco,
hoy podemos ver la oscuridad que nos dan esas espesas nubes,
pero que nos están dejando la felicidad por esas lluvias,
sé que a mucha gente la perjudica por su gran pobreza,
pero es un verdadero regalo de la naturaleza la lluvia, frio, agua y
viento, todo nos ayuda a elevar nuestra vidas, en especial cuando
volvemos a ver el reverdecer de los jardines y plantas,
y la hermosura de las flores como los rosales, gardenias, alcatraces,
y tantas flores que podemos regalar por felicidad y amor o fiestas,
hoy no hay temores de los fatales incendios por las tormentas,
existen los temores por la peligrosidad de grandes deslaves,
por las grandes tormentas en nuestras tierras pero a la vez más
fáciles de controlar que los incendios,

Una parte de mi vida   31-12-22

Inútil es pensar que tú sabes lo que trastornó mi ser,
que en el fondo de mi mente guardo los primeros dolorosos
momentos, sí, que en mi niñez trastornaron mi tranquilidad,
y que a través de los años no cejaron los daños a mí,
que la tristeza se apodero de mi mente desde mis primeros años,
y que nunca se acabaron porque en esta vida hay mucho drama,
odios, las irresponsabilidades crecen cuando uno crece,
y nada va cambiando hasta que uno crece y la libertad ayuda,
pero en mi juventud también existieron dolorosos fracasos,
más cuando crece uno en la soledad paternal o sin familia,
y cuando a la vida se enfrenta uno, las frustraciones llegan,
que por más que lucha uno por cambiar el sentido de la vida,
solo se entorpece frustrando más nuestras mentes y deseos,
que cuando entregamos nuestras vidas al amor,
suceden tantas tragedias por las falsedades que a veces enfrentamos,
pero que no se pueden repetir las tragedias de nuestra niñez,
entender que la mente debe aceptar los problemas que hay,
que a veces el amor que uno encuentra tiene muchas falsedades,
que la fuerza con que uno desea amar, de fracasos se llena uno,
que en la vida se tiene que buscar toda clase de caminos,
si para que con ellos pueda uno valorar lo más preciado.

Madre mía   1-01-23

Que desde el fondo de mis memorias pienso en ti,
Madre adorada, madre amada, madre, mamita,
¿Cuántas veces en mi pequeñez infantil te llore?
Y la indiferencia parecía ser la realidad para mí,
pero no era por mí sino por el trato maldito de mi padre,
pero lo malo para mí era cómo te deshacías de mis llantos,
y era la crueldad con que te trataba ese animal de padre que
teníamos y era la causa de tu despego hacia nosotros, una
crueldad inconcebible con que eras tratada que se
justificaba tu trato a nosotros, que claro la muerte de 3 hijos
no hay palabras y tu tristeza, tu llanto, era muy concebible,
por eso teníamos que resignarnos a esa forma de vida,
que cuando nos llevaste a vivir con tu madre y hermanos,
comprendo no era fácil, que por eso nos dejaste en orfanatorios,
mi vida era puro llorar ahí, tan sólo tenía casi 7 años por eso mi
mente concebía solo llorar y cuando me pegó la pulmonía que
gravemente me dió, fue tanto el sufrirla, pero entonces mi abuelo
paterno nos llevó a vivir 2 años con ellos sin ti, sin tanta desgracia,
hasta que volviste a llevarnos contigo y para mí otra tragedia y soledad,
por vivir desde mis 9 años hasta los 18 casi en la calle trabajando,
aún hoy no entiendo porqué aceptaste vivir con ese infeliz marido,
ya que tu suerte te había hecho una gran cantante en la XEW ¿Cómo?
El se encargó de amargarme la vida haciéndome vivir en la calle,
pero lo que en mi vida adulta les ayudé con mi Depto, y mandándoles
dinero, y que hoy me han quitado todo, no me resigno a arruinarme,
pero mi amor a ti madre mía nunca lo he dejado de sentir por eso hoy
ruego porque vivas al lado de Dios como un dulce ser a su lado y que
tu eternidad sea Gloriosa.

Mi empleo   1-01-23

En la espesa fracción de mi mente se descontrola toda,
porque adorando estoy mis flores, rosas, gardenias y tantas otras,
pero a la vez la fuerte tormenta de mi amor que me dejó,
porque fue tanto mi amor que como a las flores   que no regué,
a ella no la regué de grandes sentimientos y de amor que esperaba,
hoy sé que como a las flores que no regué y se secaron al igual ella,
mi dulce amor se ha desaparecido y el terror está en mí por su amor,
así como esta tormenta que deshojó mis flores dejando solo los tallos,
así he quedado yo sin su amor y su grandeza como su presencia,
mi jardín hoy está vacío y luce triste por la falta de las flores,
y es así como a mi corazón lo veo solo y triste sin ella,
porque el gran amor que me llenó de grandes alegrías y emociones,
hoy sé que me dejó y que su ida fué por mi frialdad hacia ella,
ella que me hacía pensar en todo lo que tenía que darle para su vivir,
y que mi pobreza me lo impedía por la falta de un buen empleo,
así como a mis plantas que estoy dejando que se sequen,
todo por la falta de dinero para mantenerlas ya que solo tengo para comer,
y la pobreza está acabando con mi vida, busco como mejorar,
pero sólo encuentro flores ajenas y mi mismo empleo, por eso en mi soledad
sigo buscando encontrar mejores campos de trabajo y de flores.

Amarte solamente a ti   1-01-23

En el ocaso de mi vida las sombras me cubren,
con las imágenes de mis recuerdos,
que en el pasado tanta alegría sentía con tu amor,
una alegría que no he vuelto a sentir por mi soledad,
todo por tu abandono por tus deseos de vivir mejor,
esa vida que yo ya no pude darte por tener que navegar,
sí, porque era mi empleo como marino oficialmente,
y mi vida cuando me dejaste se me ensombreció,
en las lejanías del mar te imaginaba me estabas esperando,
sin querer comprender que tan sólo era mi imaginación,
que por más que te buscara no te encontraría,
porque tú eras una mujer muy apasionada y amorosa,
que yo por mis viajes me alejaba tanto de ti dejándote sola,
que poco a poco el amor que me tenías se acabó,
por eso hoy busco entre las sombras mi resignación,
que como te dije comprendí tus argumentos para dejarme,
ya que a ti no te importó dejarme en esta soledad que vivo,
te amé tanto que en nadie me interesaba por amarte a ti,
porque para mí tú eras el ángel de mi vida solo tú,
mi amor por ti era muy fuerte y eras solo tú a quien amaba,
por eso hoy pienso que moriré siempre amándote.

Cómo no amarte   1-01-23

Ante los recuerdos y la música que escuchábamos,
las lágrimas brotan de mis ojos por aquellos momentos,
el amor tan fuerte que abriste en mi corazón,
me hizo amarte como con nadie lo había sentido,
y los años han pasado y no dejo de pensar en ti siempre,
mi vida se llenó de tanta dicha y felicidad a tu lado,
que hoy vivo pensando en todos esos años juntos,
años que a tu lado han sido como vivir en el cielo,
que el haberte unido a mí fué como un milagro del cielo,
el tiempo ha pasado y nuestras hijas han logrado todo,
pero yo a ti te sigo viendo como la mujer más hermosa que ví,
el pasado engrandeció mi vida al unirnos en matrimonio,
hoy pienso en los 53 años juntos y amándote tanto,
y claro hoy el temor de perderte me aterra intensamente,
prefiero primero ser yo el que llegue al final de mi vida,
porque hoy sí no sé cómo vivir sin ti y tu hermosura,
yo al cielo ruego porque vivamos juntos amándonos,
que todo se vuelva una alegría cada día que vivamos,
porque mucho podemos realizar con nuestras hijas,
yo sé que nada es hermoso sin ti que todo lo alegras,
que vives buscando siempre mi tranquilidad con amor,
que has estado al lado mío en mis mayores enfermedades,
por eso yo te amo y te amaré hasta la eternidad.

Ven a mí te ruego   01-02-23

Tu canción preferida ha sido una copia de nuestro amor,
ya que la esperanza por amarnos ha sido infructuosa,
y cada momento que de lejos nos vemos el amor se intensifica,
porque veo que sólo tienes ojos para mí por eso lucho por ti,
vencer las barreras que nos separan es mi meta,
porque amarte sólo a ti podré hacerlo porque tú me amas,
un amor que debe ser eterno lleno de lucha por nuestra felicidad,
algo que esas barreras quieren impedir que pase entre tú y yo,
y yo estoy dispuesto a todo por ti, porque tu amor es inmenso
por mí y como te prometí que yo te amo y te amaré intensamente,
que ningún obstáculo me impedirá llegar a ti para amarte,
porque en tus ojos veo la ansiedad que por mí sientes,
yo quiero curar tus lágrimas por el gran amor que siento por ti,
el tan sólo pensar en amarte por el resto de mi vida,
me emociona tanto que canto con las aves para que me oigas,
mi imaginación se llena con tu hermosura y compone tantos
bailes y noches de amor que es lo único que me hace vivir por ti,
no dejes de verme y cuando la oportunidad te llegue ven,
sí ven a mí que la dicha de nuestro amor nos llenará,
tanto de amor como de felicidad eterna, no me abandones,
vive por mí como yo por ti lo hago.

Sequías y graves tormentas   01-05-23

Porque los científicos que dijeron sobre el movimiento
de la tierra no lo han explicado bien? Ya que yo veo,
Marte, Venus y otros planetas yo antes los veía hacia el
sur de mi casa hoy Marte encima de mi casa,
Venus más cerca y luego estamos sintiendo un invierno raro,
ya que las lluvias normalmente aquí en California eran
en los primeros días de Noviembre hasta casi el final del mes,
hoy han sido en los días de Navidad y hoy las lluvias no paran,
y el frío es más intenso y estamos en los primeros días de Enero,
California ha tenido severas sequías, hoy estas lluvias han
estado inundando el estado, también cayendo fuertes nevadas y las
lluvias muy fuertes, y por esto pasa que de las montañas hay
grandes deslaves, yo que estudié parte de Ingeniería Mec, Elec.
analizo según yo que el movimiento de la tierra ha provocado que
todas las corrientes de aire fuertes que son las que se producen por
la rotación de la tierra y para mi esas corrientes se han movido,
provocando lo que hoy estamos pasando con el clima y las tormentas,
mí pregunta es ¿Por qué los científicos no han dicho nada?
Ya que todas estas alteraciones han provocado muchas destrucciones
así como incendios en los bosques por la intensa sequía que hubo meses
atrás.

Yo y la música　　　　　　　　　　05-01-23

Déjame caminar dentro de mis angustias Dios,
porque me he sentido que nunca debí haber nacido,
porque por todos lados fui despreciado y odiado,
por lo que hoy camino buscando un camino,
un camino que me lleve a donde no sea odiado,
porque el vivir en este mundo todos te requieren riquezas,
algo que para mí ha sido difícil obtenerlas para ser aceptado,
he luchado mucho y siempre me he topado con gente egoísta,
que me ha bloqueado mis esfuerzos y tenido que dejar de luchar,
por eso no entiendo de dónde soy para que nadie me acepte,
siempre he encontrado grandes soluciones para aumentar capital,
y algunas han sido para evitar accidentes ferrocarrileros mortales,
pero no me las han aceptado, otras para incrementar la producción,.
en negocios que fui empleado, siempre tratando de ganar más dinero,
teniendo que renunciar porque no aceptaban mis opiniones,
lo más doloroso fue cuando nací porque mis padres no me aceptaron,
hasta en un orfanatorio me dejaron cuando yo tenía 6 años de edad,
y así crecí por todos lados fracasando en casi todo lo que hacía,
por eso hoy me quiero refugiar en la música para sentir que aun
puedo ser alguien es este mundo tan difícil.

La Mujer soñada   05-01-23

Déjame poner mi vida en tus manos porque te amo,
me enamoré de ti tanto que hoy siento que mi vida es tuya,
porque al amarte tanto yo no tengo más vida que la que te doy,
porque te la he entregado con todo mi amor y mi pasión,
porque hoy que te la he entregado veo que eres toda una mujer,
sí, como la mujer que siempre desee tener como el amor único,
y así dedicarme a amarte con toda mi pasión y sin maldad,
porque hoy veo que eres una mujer inigualable en tu sencillez,
hermosa, apasionada, sensual y como una mujer muy hacendosa,
que a ti no hay que reprocharte nada por lo dedicada que eres,
y qué decir de la gran cocinera que eres tan especial en todo,
que por eso yo digo que eres la mujer tan especial en todo,
ideal hasta para el amor ya que tú no tienes malas ideas,
amas como yo siempre soñé para amar a una mujer,
y tú eres esa mujer tan idealizada por mi imaginación,
que he de amarte por siempre cumpliéndote en todo,
todo lo que mi lucha me dé como riquezas para ti,
y que te amaré con la mayor honradez que te debo por tu amor,
porque te insisto, nunca había encontrado una mujer como tú,
ya que eres la mujer ideal de mis sueños y como un ángel,
como te digo por la grandeza de tu forma de ser como mujer,
contigo el amor y la pasión a tu lado sé que será eterna.

Tu mi mujer ideal   08-01-23

En algún parte del tiempo te conocí,
y perdidamente me enamoré de ti como nunca,
porque fuiste la mujer más impresionante en mi vida,
el tiempo que vivimos disfrutando de nuestro amor,
amarte en esos momentos fué la mayor aventura que tuve,
eras tan especial que el tiempo corría sin sentirlo,
lo que más me impresionó fué amarnos tan intensamente,
sin darnos cuenta del tiempo que pasaba amándonos,
logrando grandes experiencias que el amor nos daba,
y para mí el trabajar era un obstáculo para convivir a tu lado,
y así el amarte cantando, experimentando tantas cosas,
porque tu amor me empezó a enseñar que eras como un ángel
tú eras un ejemplo de lo más sagrado en una mujer,
y a través del tiempo aprendí lo que era convivir a tu lado,
porque me enseñaste lo que era el amor entre nosotros,
que no debíamos desperdiciar ni un minuto de nuestras vidas,
porque la vida pronto se nos va acabando y tenemos que vivirla,
para aprovechar todo momento porque para ti yo era lo mejor,
y para tu vivir yo entendí que tú eras la mejor pareja para mí,
y hoy que la vejez ha llegado a nosotros deseo vivir cada
momento a tu lado por la felicidad que me das.

¿Una vida mejor?   11-01-23

El despertar de cada mañana se llena de tantos problemas,
e incertidumbres, porque la vida está llena de tantos problemas,
y que muchas veces que por tener el mejor empleo no es fácil,
por depender del Gobierno en el lugar que se viva porque la inflación
en los países depende de sus Gobernantes,
y cuando el dinero que se gana no alcanza para vivir,
busca uno alternativas que muchas veces son peores que las que
tenemos, pero lo peor es pensar en mudarse a un supuesto mejor país,
y lo que pasa a veces es como en USA que la mayoría creemos que ahí
la vida va a ser mejor, pero no, hay tantas deficiencias que no es así,
a uno no se le enseñó qué es lo que debe hacer cuando se trabaja,
porque uno debe ahorrar, comprar casa para vivir con su familia,
y renovarla cuando se pueda para incrementar su valor de venta,
y así todas las cosas (joyas o cosas de valor) que se puedan revender,
pero lo principal es tratar siempre de mejorar uno su profesión,
porque si se vive en un país con buenas leyes laborales se vive mejor,
y las inflaciones es más fácil de manejarlas cuando se tienen objetos de
buen valor, porque al precio que se compraron con una inflación la
revaluación de esos objetos ayuda a tener más capital para vivir,
por eso es mejor fijarse donde se vive para saber cómo cuidarse,
porque los Gobiernos no le respetan a uno lo que uno vale,
y por eso debemos ser muy precavidos y así poder ahorrar
y a la vez vivir mejor, sin presiones de extraños o de gente que
se quiere aprovechar del trabajo o empleo que uno tiene,
no tomar esas tontas decisiones de renunciar al trabajo que se
tiene para querer irse a buscar en otro país una vida mejor, que es
claro y casi seguro que la aventura no funcionará fácilmente,
por eso insisto que debemos pensar y planear bien nuestros actos,
que por eso digo que debemos pensar en abrir cuentas de ahorro
que aunque no tienen buenos intereses si es una forma de ahorrar
dinero para cuando se tengan emergencias o necesidades a cubrir,

El otro aspecto tanto de trabajo como de estudiar
es no dejarse violentar para renunciar al empleo,
aún por muy buenas ofertas de empleo no se sabe
las intenciones, lo mejor es revaluar el empleo de uno
para que los Gerentes arriba de uno se den cuenta del
valor que uno tiene como de los adelantos que uno hace,
por lo que es muy importante buscar tener maestrías
o terminar la carrera profesional que uno tiene.

Contigo vivir   10-01-23

Cada noche que sin ti tenga que vivir,
no, no puedo yo te amo tanto que en cada
momento mi mente está contigo y mis oraciones
son porque a mí vuelvas, piensa que cada noche
que sin ti vivo yo me pierdo en la noche,
yo solo puedo vivir para ti, en especial amándote tanto,
porque sé que hay millones de mujeres en el mundo,
capaces de amarlo a uno inmediatamente sin condición,
pero para mí solo existes tú porque eres la mujer ideal,
y de mis sueños el más grande y como tú, seguro estoy
que nunca podré encontrar otra mujer que pueda amar,
porque tú eres única en todo lo que haces siempre,
tú eres la perfección en todo y en ti el amor es enorme,
todo es el azul del cielo con tu amor porque de ahí eres,
vivir contigo y tu amor es entrar al reino eterno,
contigo no existe ninguna duda para amarte,
jamás camine envuelto de amor como contigo,
cada noche el amor brota en ti y la vida se vuelve tan
apasionada que cada noche con tu amor es eterna sin final,
cada momento que escucho tu voz es la de un ángel,
el tiempo no pasa para mí a tu lado porque todo se detiene,
para vivir amándote y cantarte lo intenso de mi amor por ti,
yo te ruego nunca dudar de este amor que a ti te pertenece,
por ser la mujer más divina de este mundo que por ti seguiré
viviendo para amarte eternamente.

¿Cantantes?   11-01-23

Cantar o ser un cantante en la actualidad,
hoy parece ser una gran burla para los cantantes actuales,
en los años 1901 a 1980 hubo tantos grandes cantantes,
pero eran seleccionados desde el principio por sus voces,
eran seleccionados para ser cantantes de Opera,
y otros para cantar canciones populares,
pero en aquellos años los cantantes de Opera,
eran bien seleccionados y hacerlos estudiar el canto de Opera,
y que practicaran para afinar sus voces al estudiar,
y hasta que aprobaban el examen se les ofrecía contrato,
fueron grandes cantantes tanto mujeres como hombres,
quienes por sus cantos llegaron a ser muy famosos,
esto pasa por todo el mundo y los listados de ellos son extensos,
los cantantes de música popular también eran seleccionados,
y los mandaban a Escuelas de música popular,
cantantes populares como Frank Sinatra, Dionne Warwick,
entre los miles de cantantes que se les escuchaba su profesionalismo,
al cantar se les veía como cantaban con el micrófono sin pegárselo
a la boca y cantaban expulsando el aire de sus cuerpos al cantar,
pero hoy todos dicen que cantan pero pegados al micrófono que
suena más a que hablan que cantan, pero es la moda ahora,
lo triste es ver que la gente escoge a esos dizque cantantes y los
verdaderos cantantes profesionales solo la gente mayor los escucha.

¿Coronavirus?   11-01-23

¿Pensar de nuevo en el Coronavirus ahora?
¡Pues sí! Claro especialmente por los familiares que han sido
afectados, Prácticamente a nuestras hijas les tocó leve y temporal,
y también a mis nietos afortunadamente solo ha sido leve por
las vacunas, y el pavor se ha apoderado de todos,
nosotros nos hemos vacunado 4 veces y ni mi esposa ni yo
hasta ahorita nos hemos contagiado en ninguna forma,
he preguntado sobre una 5 vacuna y me dijeron que aún no tienen
ese refuerzo de vacuna y que no necesitamos,
sin embargo el temor no nos deja vivir en paz por el miedo,
ya que cada semana un familiar ha dado positivo en las pruebas,
y me pregunto a mí mismo porqué nosotros no hemos dado positivo,
pero pienso en que cuando salimos seguimos usando el cubre bocas,
sin que nos lo exijan porque en sí no estamos tan sanos como
para librarla y es mejor seguir protegiéndonos como sea,
mi esposa y yo es nuestro temor si no nos protegemos,
y por eso en eso seguimos haciendo les guste o no a la gente,
vamos a seguir cuidándonos hasta que erradiquen el virus,
porque estamos cansados de oír o leer que la gente sigue falleciendo
porque no quieren vacunarse o porque según ellos no creen en las
vacunas a pesar de que en las noticias dicen la cantidad de cuanta
gente se está muriendo por lo mismo.

¿Discusiones?   12-01-23

Las discusiones entre familiares o amigos pueden volverse violentas,
porque el darse a entender los unos a los otros es difícil,
por eso es tan vital el saber de qué y cómo se discuten los asuntos,
y lo mejor es tener los datos, libros, noticias para comprobar lo que se
está discutiendo para no llegar a la violencia verbal o física,
porque al platicar ya sea con vecinos, amigos o familiares debe ser
una plática y no un pleito, siempre que se vuelve una discusión se
se debe tener la información necesaria sobre lo que se discute,
con tantos problemas por los que se discute en la vida,
discusiones por discriminación a los familiares, por irresponsabilidades,
porque muchas veces los familiares no tienen la dedicación suficiente
e inclusive no quieren estudiar o trabajar,
y uno como padre caemos en la situación más difícil de tolerar,
porque lo principal es que nuestra familia llegue a superarse estudiando,
la vida es difícil y muchas veces uno como padres no les queremos
obligar a que aprendan a ser unos profesionistas para su beneficio,
y esas discusiones se vuelven en pleitos con los hijos,
pleitos que a los hijos hacen tomar decisiones completamente negativas,
como padres la mayoría deseamos lo mejor para nuestros hijos,
y también cuando uno se ha superado como profesionista,
deseamos que los demás logren lo que uno logró en la vida,
por eso las discusiones se producen con los familiares o los amigos.

¿Nos podremos amar?   12-01-23

Tú despertaste en mí la ambición del amor y la riqueza,
porque me enseñaste que el amor no es una caridad,
ni siquiera una forma de vivir libremente,
porque me inculcaste qué por amor se debe vivir,
en una casa, tener que comer, vestir, pagar todo,
que no se puede vivir pensando que sólo de amor se vive,
sólo los inútiles y callejeros que sin trabajo hoy aman a una
mujer y mañana vuelven a la calle donde viven de limosnas
al lugar donde pertenecen por su inutilidad,
me amas me preguntaste ¿Y ya pensaste de qué vamos a vivir?
tú dijiste que si te podía amar y vivir contigo,
que yo debía crearme una forma de trabajar para casarnos,
que si yo no lo había pensado me dijiste, que tú no quieres nada conmigo,
que si de verdad, como yo decía que te amaba que te comprobara que lo hacía
para que tú pensaras que sí podríamos amarnos y casarnos,
porque dijiste que si nos casábamos del amor vendría una familia,
y no debemos traerlos sin la responsabilidad como se debe hacer,
y ahora soy yo quien te asegura que te amo y que yo también pienso
como tú para amarte, te juro que en lo que te he propuesto pienso como tú,
porque lo tengo, si el dinero, el trabajo, la casa y lo que se necesite,
porque ya estoy contratado para ser el jefe de mantenimiento de una gran
Impresora por eso te pido que planeemos nuestra Boda por todo lo que te amo.

Tornados, Huracanes, Terremotos.   13-01-23

El escuchar y leer tanta tragedia como consecuencia Tornados,
Huracanes, Terremotos es triste por los destrozos y muertos que dejan,
lo increíble es ver que en los lugares donde azotan los Tornados
o Huracanes las construcciones de casas son de madera la mayoría,
y los edificios están construidos cerca del mar y su estructura débil,
lo absurdo es saber que las casas de madera no soportan Tornados o
Huracanes porque cuando azotan cualquiera de los dos, una gran cantidad
de casas son destruidas así como muertos por la fuerza de los mismos
y eso no debería pasar,
¿Cómo? Construyendo las casas de material con cimientos profundos de
Concreto paredes de blocks, estructuras de concreto y varillas de hierro
y así soportar la fuerza de los Tornados o Huracanes y las casas en las
costas deben ser construidas con buenos cimientos algo más retiradas del mar
para que los cimientos no se dañen con la fuerza de los vientos y tormentas,
y los Edificios deben ser bien construidos con buenos cimientos y estructuras
metálicas para que los vientos no los afecten y así para los Gobiernos no
tengan que pagar cada año para la reconstrucción de los mismos y solo hagan
subsidios para las primeras construcciones que se hagan para evitar tanta
tragedia por los Tornados o Huracanes.

Para la sección de Terremotos mi sugerencia es no permitir la construcción
de ciudades en lugares que han sido clasificados como Fallas terrestres que son
las que provocan las destrucciones por los terremotos y a la vez tratar de
impulsar a la gente para que deje de vivir así en esos lugares tan peligrosos,
como ejemplo Ciudad Los Angeles si se hubiese construido al otro lado de la
falla de San Andrés no estaría en el peligro que está ya que esos terrenos solo
se hubieran permitido para sembradíos de toda clase de verduras y frutas
la gente no estaría en el riesgo que actualmente existe, claro actualmente
no hay alternativas sólo tratar de impulsar a la gente que no traten de venir a
vivir a Los Angeles Ca.

A ustedes mis hijas   14-01-23

Melodía tras melodía que mi mente capta mi ser llora,
llora por todo el amor que he perdido con todas ustedes,
sé que me siguen amando por ser su padre y no es igual,
y aunque lloro por lo distante en que ustedes viven ahora,
en mis pensamientos están ustedes mis adoradas hijas,
yo no sé porque dentro de mí las lágrimas corren por ustedes,
sé que nuestras vidas ya no son iguales, que mientras yo no
puedo trabajar hoy ustedes tienen que hacerlo por sus necesidades,
por eso cuando canciones escucho los recuerdos vienen a mí,
y sé que para alegrar mi corazón tenemos que ir a visitarlas,
y no me arrepiento por hacer eso porque ustedes son parte de nosotros,
viví y trabajé ayudando a que realizaran sus logros y sus metas,
sé que aún debo vivir para ustedes a quienes les debo mi vida,
vivo pensando y rezando cada día y noche por el bien de ustedes,
porque para nosotros ustedes son únicas y yo me he llenado de alegrías,
sí, al verlas y convivir con ustedes, por eso tratamos de verlas,
porque si yo no fuí un buen padre siempre traté a mi entender de serlo,
sé cuán difícil es cuando no cuenta uno con los recursos,
como yo siempre deseé y traté de hacerlo para la felicidad,
de ustedes y sus hijos, pero yo espero en Dios que algo nos de la vida
para compensar la felicidad total que no han tenido.

Las guerras y los asesinos   14-01-23

Yo que por las creencias en el mundo yo me enrolé en la milicia,
hoy que al pasar de los años la vejez ha llegado a mí y que desde,
que tengo uso de razón sé el porqué de tantas guerras,
algo que hoy yo odio porque no encuentro ninguna justificación,
sé que a través de todas las ciudades, países y tribus,
lo hacían al matar o guerrear con sus enemigos,
dizque para defender a sus pueblos o sus tierras,
pero yo hoy no justifico nada porque se supone nosotros los seres
humanos razonamos a comparación de los animales que se matan,
yo sé que ellos matan o se matan para defensa y sobrevivencia
de ellos mismos y de sus crías que han traído a vivir en este mundo,
pero el ser humano con su raciocinio no tiene porqué pelear,
sé que no todos viven en el mundo sin barreras o idiomas,
y es lo que yo pienso para que tener el mundo por países o idiomas,
ya que por eso hacen las guerras o por sus diferencia de ideas o ambiciones
ya que también el mundo no tiene razón para dividirse o tener idiomas,
yo pienso que lo único necesario es tener leyes pero todas iguales
que obliguen de buena manera a respetarse los unos a los otros sin
violencia ni matazones o guerras estúpidas entre ellos mismos,
porque yo no veo el porqué gente de la misma raza e idioma se tienen
qué pelear entre ellos mismos ya que tienen la misma raza e idioma,
ya que lo han hecho durante toda la historia de la humanidad,
que para mí los califico de animales sin raciocinio.

Discriminación   14-01-23

Cuanta facilidad tiene la gente y las familias,
para criticarlo a uno por no coincidir en sus pensamientos,
y es que cuando se ha vivido entre mucha gente,
va uno aprendiendo lo que uno puede hacer y lo que no,
y es precisamente con lo que yo me he enfrentado en mi vida,
y también cuando uno es discriminado por la apariencia,
porque se mezclan a uno con las razas más odiadas,
los negros, prietos, blancos, chinos, indios, y tantos otros,
yo me he enfrentado contra todos por mi apariencia,
en empleos, escuelas, vecinos, países y todo por mi cara,
¿Cómo aceptar las críticas que hacen contra uno?
En especial en los empleos porque uno trata de ser eficiente,
ya que esa forma de trabajar es la indicada para superarse,
pero cuando la envidia existe hasta los jefes de uno lo discriminan,
y tratan por todas las formas para correrlo a uno del empleo,
también en los matrimonios cuando no hay la suficiente armonía
por lo mismo, hasta la separación o el divorcio se llega y los afectados
son los hijos, y que decir cuando en las escuelas uno es criticado y
discriminado y uno tiene que pelear con los compañeros y maestros,
por eso pienso que la mejor forma de vivir es quizás seguir creyendo
en Dios y esperando milagros para ser aceptado sin pleitos.

Federal inspector   14-01-23

Cómo no recordar mis viajes en los ferrocarriles de Amtrak,
viajes para la reparación de locomotoras o viajes para entrenamiento
a Erie Pa. Porque me mandaron a entrenamiento a la fábrica
de locomotoras de General Electric y recordando que primero en
México D.F. trabajé como Ingeniero de Ventas ahí y tiempo después
Como Gerente de un Taller Industrial de embobinado de motores y
Transformadores de General Electric de México en Monterrey México.
Cuando empecé a vivir en USA yo no creí ser aceptado para trabajar
como electricista en AMTRAK y menos teniendo apenas un año activo
me seleccionaran a mí contradiciendo a los demás trabajadores para
para enviarme a entrenamiento a la fábrica de locomotoras de GE
en Erie Pa. Primero fui en avión desde LA hasta Erie Pa. Esto me
impactó por ser un principiante electricista en AMTRAK y que yo
aproveché esta oportunidad para superarme como tal y a conocer las ins
talaciones de la fábrica viendo la fabricación de las locomotoras,
recibir el entrenamiento fué mucho aprendizaje, etapas que nunca en mi vida
llegue a tenerlos, días inolvidables, Viajar de LA a Pennsylvania y luego a
Erie Pa. tódo inolvidable ya que primero llegar al Hotel y ver la Cda. Empezar
el día e ir a la fábrica para las clases, al ver la Cd de Erie me di cuenta que
tiene muchos años o siglos de haber sido fundada y las construcciones tan an
tiguas, al regresar a Los Angeles a trabajar después de las clases de entrena
miento fui mejor aceptado por el entrenamiento técnico en GE. Y también aquí
en LA me dieron un curso de aire acondicionado y después un curso sobre la
contaminación del aire por el Ozono y claro con más cursos de entrenamiento
me mandaron como a Wilmington Delaware a los talleres de Amtrak para
recibir un curso sobre computadoras de las locomotoras ahí conocí las
locomotoras eléctricas y carros eléctricos que usaban las líneas de los trenes
que corrían de la Florida a NY y Boston para este curso me mandaron en
avión a Philadelphia donde también conocí la Cd y esto fué casi dos años

después de haber ido a Erie, ir a este curso fué muy interesante por el mismo y ver pasar los trenes que llevaban locomotoras o carros de tracción eléctricos ir y regresar a LA en avión me impactó tanto el entrenamiento que seguí trabajando con más capacidad técnica.

Pero claro no pare en cuestión de cursos ya que me volvieron a mandar a la Fábrica de locomotoras de GE en Erie, Pa. Por segunda vez 5 años después de la primera vez.

Pero esa vez fué que primero fué llegar a Chicago, que mientras esperaba la salida del tren a Erie y NY me salí a caminar por el centro de Chicago viendo los grandes edificios, el metro elevado de la Ciudad, el lago de Chicago a las orillas, las avenidas y al regresar a la estación me fije también en su tamaño y su arquitectura y los arreglos que tiene.

Ya a la hora de salida yo estaba listo porque tenía mi cuarto designado en el carro pulman y llegar nuevamente a Erie inolvidable por todos los lugares por los que corre el tren como grandes sembradíos de maíz, trigo y otros la llegada a Erie nuevamente y a otro Hotel más turístico por tener alberca y todo lo necesario y claro de ahí me llevaban en unas camionetas de transporte a la fabrica para el curso y al final regresar a LA donde seguí más capacitado y mejor aceptado en el trabajo lo sorprendente para mi fué que me capacitaran más hasta que me dieron el puesto de Federal inspector.

Amarnos en la claridad del cielo   15-01-23

Piensa como yo en ti que tanto te amo,
piensa en lo hermoso que ha sido el amarnos tanto,
que para mí has sido una verdadera estrella de amor
porque siempre amándote y tu correspondiendo,
amarte estoy en el reyno de la gloria contigo
como siempre lo pensé te amo, te amo y te amaré,
sí sin dudarlo, sin tratar de evitar que el sol nos ilumine
para tener su iluminación para que nos podamos amar más,
nuestro amor debe estar bañado por la esperanza,
sí, para tener siempre un espacio para llenarnos de amor,
que nunca la miseria nos golpeé porque nada debe faltarnos,
que cuando formemos nuestra unión sea hasta la eternidad,
que nunca nos dejemos el uno al otro por el amor que nos tenemos,
que nada impida nuestra unión que debe ser eterna,
sin nada que nos llegue a dañar cuando convivamos juntos,
te amo son mis mejores palabras para alegrar tu corazón,
y si en el mundo hemos de buscar donde vivir sea en paz,
espero que sea con todo mi esfuerzo y que nada nos impida
amarnos viviendo en nuestra gloria porque sabemos que nos
encomendamos a Dios para que con nuestra felicidad y nuestra
fé sepamos que existe ante Dios porque sabemos que debemos
encomendarnos a Dios para nuestra felicidad y al vivir juntos
vamos a orar diariamente por nuestro amor.

Tu mi más grande ilusión   17-01-23

Cuando te encontré, tu hermosura, tu figura me cautivaron,
a ti que tanto te he amado porque como tú a nadie encontré,
los días que a tu lado pasé parecían aves de paso,
hasta que me diste esa noche de amor que hoy yo tengo,
mi alegría es intensa porque nada puedo compararlo a ti,
la mujer más sincera y real como una verdadera Reyna,
una Reyna que conquistaría al mundo por cómo eres,
nadie, nadie puedo comparar contigo que de verdades dices,
me amaste sin contratiempos y sin incertidumbres,
por eso sé que nunca podre amar a nadie más que a ti,
insisto eres la verdadera creación de este Universo infinito,
nadie es ni parecida ni igual a ti como mujer,
tú me diste tanto que hoy sólo la muerte me dará la paz,
porque amarte ha sido el mayor regalo que el cielo me dió,
nada ni nadie me asombra ni me ilumina de amor como tú,
sólo en tu alma podre confiar que nos iremos juntos al cielo,
tanto amor me diste que no logro pensar más que en tu amor,
mira que del cielo cayo el más grande regalo con tu belleza,
cuando por tu camino me crucé y tú me diste tu mirada,
esa que cautivó todo mi ser y que hasta hoy vivo para ti,
por eso te ruego le pidamos a Dios nos proteja más,
por esos regalos que de nosotros dependen,
y que son nuestras hijas que por tu amor las trajimos
a esta vida, sigamos en este camino que Dios nos ha marcado
para llegar a su cielo.

Madre que en el cielo estas   17-01-23

¡Madre mía! tú que estás en el cielo te ruego,
me enseñes a vivir en esta vida a obtener lo que tanto falta,
tú sí supiste cubrir todas tus necesidades,
soy tu hijo que de ti seguí tus ejemplos te ruego
porque la vida es muy difícil y pesada para mis aptitudes,
ya no puedo trabajar y necesito me ayudes a obtener, sí
el pan nuestro de cada día y lograr el dinero que nos falta,
para mejorar nuestras vidas, tú estás en el reyno de Dios
¡ayúdame! te lo ruego, márcame cómo debo vivir,
qué debo hacer para que pueda obtener más recursos,
porque mis hijas me lo requieren ya que no somos ricos,
que tú pudiste salir adelante con tus necesidades y con mi ayuda,
por lo que hoy te ruego para encontrar ésa ayuda que necesito yo,
por la que tanto he luchado en mi vida para tener lo que necesitamos,
que tú sabes mis deficiencias y mis necesidades,
ayúdame a hacer de mi vida un ejemplo y tener lo necesario,
te lo pido a ti porque sé que tú eres el ser más indicado,
sé que nos dejaste en este mundo hace ya varios años
que como tú no tengo a alguien para compararlo contigo,
y porque sé que eres la única que puede ayudarme.

¿Enamorarme? 18-01-23

¡No volveré a enamorarme!
Porque en ti encontré el más profundo amor en tu corazón,
por eso digo que nunca volveré a enamorarme por amarte a ti,
y hoy mi vida es tuya y la he dedicado a ti solamente,
porque tienes tanta dulzura en tu corazón que me la das,
ya no busco a nadie quien pueda encontrar lo que tú tienes,
por eso me dedico más a entregarle mi vida a tu corazón,
mi corazón hoy palpita para vivir en tu amor y tu encanto,
un amor envidiable al que me debo dedicar con toda mi ilusión,
porque deseo amarte con todas mis fuerzas así como tú lo haces,
algo que en toda mi vida no lo tuve para amar a alguien como tú,
mira que yo no sé amar como tú me lo has demostrado al amarme,
hoy sé lo mucho que me amas como lo haces a cada momento de los días,
yo no deseo por ningún motivo desilusionarte en nada,
por eso hoy consulto con la gloria como hacerte la mujer más feliz,
que sí desearía ocupar todo mi tiempo para amarte como lo mereces,
porque en tus hermosas palabras es lo que te oigo decir,
la tristeza no cabe entre nosotros solo el deseo de amarnos,
que me hace vivir con amor, porque todo, todo lo tengo contigo,
no anhelo hoy más dulzura, amor y esperanzas porque en ti lo tengo
y yo deseo amarte con toda mi alma como tanto lo soñé,
la vida ahora debe ser una gran forma de vivir con tu amor.

Lo ultimó del Covid-19   19-01-23

Las últimas noticias del Covid-19 son de que tiene una nueva
variante, las recomendaciones son de pedirle a la gente que
no se ha vacunado lo haga lo más pronto posible para que se
empiecen a protegerse, que cuando se reúnan con familiares u otras
gentes traten de usar las mascarillas, porque eso es lo que muchas
personas no hacen porque no quieren, pero los Hospitales se están
llenando nuevamente de pacientes con Covid-19 que se han contagiado
gravemente con las nuevas variantes y que no se han querido vacunar
más ahora que ha aparecido una nueva variante más perjudicial del mismo,
lo absurdo es ver que ante los millones de gente muerta no quieren,
aceptar que en China han aumentado los casos por contagios y aunque
sus leyes son más severas mucha gente no quiere vacunarse hasta que son
obligados a hacerlo, nosotros somos obligados ya que hoy vivimos
con el temor a los contagios cuando nuestros familiares han dado
positivo cuando los checan y porque los contagios los han
contraído por negligencia, porque mucha gente no hace caso y por eso
se han acelerado nuevos casos se y es por lo que han determinado
algo que para mí ha sido muy sencillo, aplicar la vacuna en la Farmacia que
nos surten medicinas, nos tienen controlados inclusive por las vacunas que
nosotros nos hemos aplicado 4 y nos dicen que esperemos a que se elabore
un nuevo refuerzo, lo que más se nos aconseja es el uso de las mascarillas
en reuniones con en reuniones en espacios cerrados donde gente extraña
puede estar contagiada.

Tu cantar madre mía 19-01-23

En este silencio mi mente vuela a buscarte,
porque en mi mente estas tú y los recuerdos brotan,
este silencio que hoy vivo me hace llorar por ti,
pensar en todos los años que a tu lado viví,
y que no entendía cómo eras tú porque eras tan callada,
pero que organizabas los mejores conciertos populares,
que sí me trataste siempre como tu hijo pero muy callada,
y qué cuando cantabas en la casa mi atención estaba en ti,
hoy no sé dónde buscarte porque sé que ya no estás,
que después de tantos cantos partiste de este lugar,
éste en el que tanto te adoré especial al acordarte de mí,
y que decir de la música que de tus cantos oía tanto,
tú que parecías realmente un Angel del cielo,
yo ví en ti el ser que más podría adorar porque tú me diste
la vida, que a tu lado yo no comprendía nada solo el adorarte,
por eso cuando cantabas me decías que guardara tu imagen,
hoy entiendo el porqué de tus consejos porque ya no estás,
tú deseabas quedar bien grabada en mi mente por ser tu hijo,
yo ahora veo lo que deseabas por tu gran amor a mí,
nada es igual al amor que a mí me dabas con la realidad,
yo que entonces no te entendía por lo que me cantabas,
hoy sé que tu amor fué enorme por ser mi madre,
aunque ví que no lo entendía hasta hoy que te he perdido,
por eso hoy ruego al cielo poder oír tus cantos.

El mar, mi familia y yo   20-01-23

Cuánta desesperación y tristeza brotan juntas,
al recordar los viajes al mar con nuestras hijas pequeñas,
después como adolescentes, gran aventura con ellas en Acapulco,
y hoy siento el dolor de ver que han pasado más de 50 años,
haber paseado con ellas a la orilla de la playa el ver su imborrable
alegría tanto de niñas como de adolescentes gran emoción
verlas disfrutar y yo nadando entre las olas del mar, recordando
mis años de Cadete de la Naval, hoy me lleno de recuerdos,
tan impactantes aventuras que tuve en mis años de adolescente,
vivir algunos meses a la orilla del mar, ¿cómo olvidarlo?,
ver tantos animales marinos, navegar en lanchas remando
por la Bahía de Guaymas y luego el vivir en la H Escuela
Naval Militar a la orilla del mar y viajar en los buques cañoneros
por el Pacifico el canal de Panamá, el Mar Caribe, el Golfo
de México y el Oc. Atlántico para navegar a Charleston y
Norfolk en USA, viajes inolvidables en Centroamérica a los
Países Centroamericanos, como El Salvador, Nicaragua y más
Cómo olvidar tantos días maravillosos de mi vida por el mar,
ese viaje de llevar a mis hijas que hoy quisiera repetir llevándolas
a las playas de Acapulco pero ya es muy tarde para mí por la
vejez y la falta de recursos y que ellas ya están grandes para eso,
pero al hacer memoria todo lo que disfruté inolvidable es,
pero ahora no encuentro mayor felicidad que remembranzas memoria
todas esas aventuras.

¿Dedique mi vida a mi familia?   25-01-23

¿Dedicar mi vida a la creación de la familia que de niño no tuve?
y era mi mayor ilusión en mi juventud y lo trate,
me dejé llevar por el amor que creí había en mi esposa,
en mi mente recordando toda mi infancia y juventud,
me casé tratando de hacer realidad mi gran ilusión de una familia,
la llegada de mi primera hija me hizo pensar en la realidad
de dedicar todos mis anhelos para ellas y así empezaron a llegar
hasta formar la gran familia de 5 hermosas Hijas que llegaron a
nuestros corazones por lo que hoy veo la gran realización de
mí vida para dedicársela con todo mi amor a ellas,
con la ilusión que tenía, el dedicar todas mis ambiciones por la
responsabilidad de verlas crecer y el haberlo logrado fué gran logro,
yo he sentido que mis propósitos se realizaron en todo lo que querían,
por lo que yo continué dedicando mi vida a ellas aunque no lo vieran,
ya que ellas podían pensar en que yo no estuve ahí para a ellas pero eso
fué, pero mi mayor esfuerzo logrado fué el verlas a ellas realizadas
y el que hoy pueda decir que he cumplido eso no lo puedo asegurar,
porque son ellas las que deben decirlo, yo solo pienso en haberles
dedicado y responsabilizado mi vida por ellas, la ilusión para mí se
cumplió con todo mi amor, porque la mayor parte de mi vida trabajé
para que ellas tuvieran lo necesario para lograr sus metas y con todo
mí esfuerzo y amor hasta mi muerte seguiré haciendo todo lo que pueda
por ellas.

Las revoluciones contra España   27-01-23

Me siento a escuchar la música más inspiradora,
y a la vez hermosa porque me lleva al pasado,
recordando a mis personajes más amados,
que hoy siento la dureza y la tristeza de ver que se fueron,
por eso al escuchar esa música a mis recuerdos brotan ellos,
mi adorada abuelita quien de niña sufrió las terroríficas
ambiciones de un pueblo que en él entonces sólo con
guerras estúpidas lograban lo que querían sin importarles
a cuánta gente matarían y principalmente a los familiares
que tenían que sufrir las inclemencias, porque mientras que
ellos crecieron en la paz de los pueblos, poco a poco los
empezaron a torturar con hambre, epidemias y tantas barbaridades,
en ese papel mi abuelita, su mamá y su hermanita lo sufrieron,
pero que en aquel entonces ellas fueron educadas con grandes
enseñanzas tales como música, pintura, gramática, que la realeza
española les ofrecía para que la cultura fuera un paso a la excelencia,
y mi abuelita fué una pintora excelente muy detallista y en música
tocaba tantos instrumentos como el piano, violín, salterio, guitarra,
arpa y más que ella nos hacía disfrutar de su música clásica por eso
yo siempre escucho música clásica, porque a mí como a ellas me hace
viajar en mi mente a esos espectáculos de música clásica que hoy puedo
escuchar, porque es como si estuviera escuchando a mi abuelita con
su música y también a mi madre que en los años 50' en la radio
de México cantaba, por eso me siento a escuchar tanta música hermosa
como si las estuviera viendo y escuchando las a ellas.

Violencia y armas   28-01-23

Cuánto dolor nos produce el ver en este país tanta violencia,
provocando tantas tragedias a familias enteras,
quedando desbastadas por las matanzas de sus familiares,
lo absurdo es ver como los que han realizado estas balaceras
sin que nadie los ha detenido para obtener las armas que en este
país es el mayor negocio para los fabricantes de armas,
y que por más que se les ha querido parar la venta de armas a
la gente común, no lo hacen ya que no solo pasa en este país sino por
todo el mundo, y que vemos que en muchos países los carteles de las
drogas se han vuelto muy poderosos, se vé la crueldad con que ellos
dominan a los pueblos con las armas, armas que estos han obtenido
de contrabando en este país, y lo han hecho sin consideración a nada ni a
nadie por eso pienso que como el Gobierno de este país no para la venta de
armas ¿Por qué? Nadie dice nada solo dan a entender la necesidad que
tiene este país de mantener su poderío.
Por eso con las tragedias por balaceras la gente se manifiesta y muchos lo
hacen violentamente porque les ha tocado a familiares,
y otros lo hacen pacíficamente haciendo altares para rezar por su familiar,
por eso hay tristeza, pánico cuando se tiene que vivir así y la pregunta es
¿Por qué hay tanta violencia? ¿Cómo se puede combatir? Pienso que mucha
es por la pobreza, pero principalmente es por la facilidad de poder comprar
las armas, y yo pienso que debemos orar a Dios porque se detenga tanta
violencia.

La música ella y yo   27=01-23

La música envuelve mi alma y toca mi corazón,
haciéndome pensar en tantos hechos amorosos,
tristes, violentos, pero a la vez me lleva al romanticismo,
lo que me hace componer poemas y pensamientos,
por eso encantado estoy de escuchar tantos cantantes,
orquestas con su música tan especial que me suena celestial,
y ver cantantes que cómo desearía oírlos en persona,
lo triste es que muchos ya han fallecido y el melodrama está en mí,
al escucharlos me voy a mis recuerdos y de cómo el mayor
amor de mi vida me hizo enamorarme de ella y el deseo de unir
nuestras vidas por el gran amor que por ella sentía y de pensar en
cada beso o momento a su lado, era como volar mi corazón y mi
alma al cielo, tanto ha sido mi amor por ella que no logro vivir sin ella,
y luego el pensar en la grandeza que me dió al traer 5 hijas,
hijas que por esta gran alegría mi amor se incrementó más por ella,
y hemos desarrollado una vida tan ideal que la felicidad ha sido grande,
sin final por la maravilla de amarla, yo le entregué mi vida, mi corazón,
y mis pensamientos a la mujer más grandiosa que conocí en mi vida,
que ruego por ser yo el que llegue al final de nuestras vidas y no ella,
porque por mi gran amor a ella yo no puedo pensar en perderla,
y es mi vida la que brota cuando la música escucho y no la dejo
porque es mi manera de pensar en todo lo que amo y con música
¡Oh Dios! Cuánto amor y música.

Conocerte ha sido un milagro   28-01-23

Amarte ha sido un milagro por tu grandeza,
porque vivir cerca de ti elevo mis deseos de besar tu belleza,
el haberte conocido ha sido lo más grandioso que me paraliza
tu forma de ser por amor todo de ti en mi vida simpatiza,
yo no puedo pensar en otra mujer porque llenaría mi vida de tristeza,

porque en el camino voy buscándote y no quiero solo ver oscuridad,
mi angustia de vivir en la soledad es como vivir en la oscuridad,
todo mi amor, alegría, la espontaneidad la tengo en ti y no en la oscuridad,
por eso ruego al cielo que no me dejes vivir en la oscuridad,
porque soy un férreo enamorado de ti que no me diste la oscuridad,

yo sin ti ninguna flor o ninguna música me podrán devolver la vida,
hoy me siento como si el cáncer sin ti me estuviera quitando la vida,
yo al cielo ruego y espero un gran cambio contigo que me dé más vida,
porque para la felicidad estuviste tu para darme amor y más vida,
por todo el amor que me has dado no tengo odios sino amor para tener vida,

ya sé que sin tu amor y tu alegría para mí no es vivir,
que tu cercanía altero mi forma de amarte para un mejor vivir,
en ti había todo lo ideal que deseaba de un amor como el tuyo para vivir,
que unidos podemos realizar nuestros sueños tu y yo para poder vivir,
que de lo contrario si decides no volver a mí, ya no podré sin ti vivir.

¿Incapacitado?   28-01-23

Cómo poder compartir la alegría por vivir feliz,
cuando no se tienen los recursos económicos suficientes,
hoy que la vida me está golpeando tanto por la
incompetencia de un Presidente que no se da cuenta en la
miseria en que vive mucha gente y que eso hace toparnos
con lo más difícil para vivir con cierta alegría que podamos
sentir y expresarla a todos y no tener que depender de ayuda
económica porque no es fácil vivir incapacitado, que vivir con empleo
bien remunerado que nos permita vivir sin problemas económicos,
y yo por eso me siento un inútil por haberme dañado la columna
que me incapacitó de por vida y hoy tengo que buscar los medios
para no caer en una miseria más fuerte, porque sólo la muerte me
puede salvar de mis deudas con el seguro de vida que tengo,
pero que no es la solución en la actualidad por vivir en una inflación
muy fuerte que hace que todo nos cueste más caro, por eso sé que
debo encontrar formas de abaratar nuestras necesidades y compromisos,
porque sé perfectamente que no todos comprenden mi miseria y
desesperación para salir adelante y que espero encontrar una solución,
que tanto anhelo para vivir mejor y no en las sombras de la miseria.

Malas decisiones mías   28-01-23

Tener nuestra casa para que mis hijas pudieran vivir bien,
fué una de mis metas el conservarla para la vida de ellas,
y aunque casi no nos faltaban recursos, la vida era normal para ellas,
al negocio que yo tenía le afectó la inflación de 1987,
y como un primo que vivía en Los Angeles fué a Monterrey
y platicando me dijo que en LA a los electricistas les pagaban
20 Dlls la hora y se me hizo interesante porque cuando estudiaba
Ingeniería Mec. Elect. empecé a trabajar de electricista
eventualmente bajo contrato, mi primo lo que no me dijo
fué que para trabajar de electricista en LA se necesitaba
Licencia de electricista y que para eso tenía que estudiar 2000 horas
de clases, teniendo que buscar empleo, no había el dinero ni el tiempo
y si muchas necesidades para no poder estudiar ya que no
tenía ni el dinero ni el empleo y si muchas otras necesidades para
hacerlo, y luego con mi familia sola viviendo en Monterrey y sin dinero
por lo que se me hizo más fácil traerlas a casa de mi suegra y es cuando
después de lo que tuvieron que pasar, yo ahora pienso en mi abuela y mis
bisabuelos Españoles que vivían en Cuba y que él era Oficial de la Marina
Española, tenían su casa y todo lo necesario, pero la Revolución de Cuba
en 1895 les hizo prácticamente huir en 1898 a mi Bisabuela y sus dos hijas,
su esposo murió por la guerra: y por los poemas que escribió mi abuela me doy
cuenta que al igual que mis hijas, mi abuela su mamá y su hermanita se
encontraron en una forma de vida muy difícil para ellas, después de lo que
habían tenido en Cuba antes de la Revolución que era una vida muy tranquila
y que el haberlas traído a México fué muy difícil para ellas así como lo fue
para mis hijas el tener que adaptarse a vivir en forma muy difícil en LA en
comparación a vivir en Monterrey. Una decisión mía en cierta forma muy
equivocada pero no como la de mis bisabuelos ya que a él lo mataron y ella
quedó muy trastornada por lo que vivió en Cuba, gracias a Dios mis hijas se
pudieron realizar y yo obtuve un buen empleo en los Ferrocarriles de pasajeros.

La muerte de un ser　　　　　　29-01-23

¿Cómo poder evitar el llorar profundamente?
Cuando sabemos de la muerte de un familiar,
en realidad el dolor es tan profundo que no lo podemos evitar,
el dolor va a ser siempre profundo e inolvidable,
recordar todo lo que vivimos a su lado o a lo lejos,
siempre vamos a pensar en ese familiar que se ha ido,
claro que hay dos familiares que nos duelen más,
que son nuestra madre o un hijo o hija,
que son los familiares que más recuerdos tenemos,
y fueron los que más amamos en nuestras vidas,
pero de todas formas cualquier familiar siempre
pensaremos en ellos después de tantos momentos
vividos con el familiar que hemos perdido,
recuerdos que nos laceran el alma por la pérdida de ese ser
pero también cuando se tiene enemigos o gente que nos hace
daño, cuando estos se van, no es momento de alegría,
porque si a uno le da cierta satisfacción a los familiares no,
ellos sufren esa pérdida, a veces lo malo es para uno cuando
ha estado enrolado en la milicia en que en guerras
se tiene que matar a los enemigos, pero donde parece
que no se comete un pecado es matando a un peligroso
delincuente que armado quiere matar a gente inocente,
y que por eso la policía cuando puede los elimina antes
o en el momento en que quieren asesinar a gente inocente
y por ellos solo sentimos más que consuelo.

Las enfermedades y las medicinas   30-01-23

Cómo el cuerpo humano está expuesto a tantas enfermedades,
entre ellas tenemos muchas otras la pulmonía, la gripe y hoy
el Covid-19, enfermedades en el hígado, la vejiga, los riñones,
enfermedades causadas por lo que comemos y muchas veces no
hacemos caso a los Doctores o por lugares donde existen parásitos
como amibas, el colesterol, tantos microbios que dañan el cuerpo,
una de las principales enfermedades que no se terminan son la
Diabetes, los cálculos renales, la sífilis, el colesterol en el hígado,
las deficiencias en el sistema sanguíneo, o renal, pero una de las
más graves que da más facilidad para morir es el cáncer yo lo tuve
en tumores en el colon y aunque quitaron los tumores también el
colon lo removieron y entre los efectos secundarios he tenido el
estreñimiento o la diarrea y no paran y aunque me estuvieron checando
el cáncer durante 10 años hasta que los Doctores me dieron de alta
sin haberme dado medicinas o terapias, pero yo no dejo de sentir
el temor de que vuelva a afectarme el cáncer, la Diabetes es otro
de mis problemas y lo peor ha sido las medicinas que tienen efectos
secundarios muy perjudiciales y yo por la Diabetes después de casi un año
de probar con 2 medicinas nuevas preferí regresar a tomar la medicina que
yo tomaba antes a pesar de que dijeran que era un cancerígeno hoy estoy
esperando a tener que ver a un Neurólogo para ver si me puede ayudar
a parar los efectos secundarios que dañaron mi cuerpo por esas medicinas
hoy a mi edad de 79 años mi vida está en un gran riesgo de adquirir
enfermedades que puedan quitarme la vida.
Por eso yo sugiero
1.- Vacunarse con todas las vacunas necesarias.
2.- Atender todos los riesgos por los alimentos, lugares peligrosos para la
Salud y todo lo que nos pueda dañar como epidemias.
3,- Checar nuestra salud con los Doctores especialistas y seguir sus
recomendaciones.
4.- Checar los efectos secundarios de las medicinas con los Doctores.

Cáncer en la juventud   30-01-23

Cuánta tristeza me produce ver que muchos artistas
muy jóvenes han fallecido por padecer de cáncer en ellas,
después de haber actuado en muchas películas y que
se han hecho admirar y adorar, los veo que cada día
casi muere por todo el mundo artistas muy jóvenes,
y otras dentro de la vejez prematura y quiero o no pero
duele leer en periódicos o en las noticias de la televisión
cómo han muerto por el cáncer varias artistas jóvenes
últimamente y que describen que tipo de cáncer ha sido
como el cáncer de seno que es el más común en ellas,
por eso creo que quienes hemos padecido el cáncer,
la vida ya no es tan agradable con esta enfermedad en
el cuerpo por no saber hasta qué puntos nos puede afectar,
cuando se tienen hijas, esposa y familiares cercanos,
el temor se agranda porque lleguen a adquirir el cáncer,
por eso pienso si estarán realmente los laboratorios trabajando
para encontrar medicinas o tratamientos que expulsen el cáncer
de nuestros cuerpos y podamos vivir más tranquilos y sanos,
porque insisto es muy triste estar viendo en las noticias la muerte
de artistas jóvenes por el cáncer después de haberse desempeñando
como buenos actores, por eso yo también me uniría a la investigación
de las medicinas que acaben con el cáncer, pero es claro que yo no
cuento con medios para investigación ni dinero para hacerlo.

Mis poemas y canciones para ti 30-01-23

Cuál será la canción o la música que te haga voltear a mí,
porque hasta hoy me doy cuenta que a mí no me ves,
por más que he deseado que mis canciones te hagan enamorarte de mí
nada pasa y eso hace que cada día haga una nueva canción,
pero veo que nada te hace pensar en lo que para ti compongo,
porque una mujer como tú le ha llegado muy fuerte a mi corazón,
yo no deseo seguir vagando por el mundo cantando tus canciones,
porque para esto la gente sí se interesa en tus canciones y tú no,
pero mi amor por ti es único y eres tú quien pienso me haría más feliz
si tú oyeras y me vieras tocando y cantándote mis canciones, pero veo
que quizás es un sueño, pero que si eso pasara me sentiría que estamos
en la gloria amándonos y rodeándonos de mi música y canciones que
nos daría la fortuna de amarnos como nadie lo ha hecho hasta hoy,
te amo y en la letra de cada poema que convertido en canción, ha sido
imaginándote en mis grandes deseos de amarnos como nunca lo hemos hecho,
que como te menciono nos hará vivir muy felices el resto de nuestras vidas,
porque nos amaríamos con toda la sinceridad del cielo que nos cobija,
que tú para mí eres la más hermosa inspiración de mi vida que he conocido,
contigo sé que toda la armonía brotará cuando nos amemos,
dame sí la idea de que te has dado cuenta de cuán feliz serás a mi lado,
ven mujer hermosa, compartamos la oportunidad del amor entre nosotros,
porque eres tú la más hermosa mujer que en mis caminos he conocido,
y el amor y la felicidad estará siempre entre los dos y hoy que en mi has
unido tu amor a mí, la serenata por eso te daré.

¿Nos encontramos para amarnos?   31-01-23

Hoy que nuestras vidas se han encontrado y amado,
déjame tener una noche de amor y pasión en tus brazos,
que sé cuán feliz lo será, en especial cuando nuestro amor es real,
aunque te pido una noche de amor eso será para toda nuestras vidas,
que en el silencio viviremos por siempre, mi corazón es hoy tan feliz
que las lágrimas en él no las hay por cómo me amas a mí,
porque tu amor es grandioso y sé que será eterno y real por siempre,
sí porque tu amor es grandioso y sé que no habrá fin en nuestro amor,
por eso hoy juro dedicarte mi vida y mi amor a ti porque lo siento,
porque como un ángel del cielo te sentí cuando a mi aceptaste mi amor,
hoy digo qué difícil es encontrar las palabras que sellen nuestro amor,
porque nadie como tú para amarla como lo hago contigo hoy,
envuelvo a nuestro amor en música y cantos de amor eterno para ti,
porque el vivir a tu lado hoy es como vivir en el paraíso eterno,
ya que lo adornas con tu amor que para mí me suena a celestial,
yo no busco nada más que los medios económicos para amarte,
y hacerte la mujer más feliz de esta nuestras vidas en este mundo,
que podamos vivir de amor etapa tras etapa de nuestras vidas,
para que nunca nos reprochemos ningún momento para que nuestras
vidas lleguen a ser un ejemplo, para escribir una novela de amor
y pasión, que es lo que yo te propongo al amarte tanto,
y que como te decía nuestro amor es real y lo que vivamos más lo será
y también cuando una familia formemos que sea más feliz que nadie,
y que nada la oscurezca con tragedias, por eso te invoco a amarnos
infinitamente.

Yo en mis últimos tiempos 31-01-23

Hoy mi vida se empieza a finalizar por las enfermedades,
pero lo más interesante para mí es encontrar caminos,
sí que me permitan crear y disfrutar de los mejores momentos,
porque mis deseos siempre fueron de encontrar una vida libre,
sí libre de pecados, envidias, enfermedades, miserias y cuanto
mal nos encontramos y siempre he luchado por lograr esa vida
libre y aún la sigo conservando, amo sí pero difícil es comprobar
si como padre me aman, y si como esposo también, porque reconozco
lo pobre que vivimos, y el decir adiós a todos los que tanto he amado
como hijas, nietos, biznieto y al amor de mi vida solo puedo decirles
que yo sí los he amado y que cuando parta de esta vida sus recuerdos
estarán siempre en mí, que recuerdo cada una de mis hijas en todos sus
momentos buenos y malos y que puedo pregonar lo orgulloso por sus
carreras escolares y sus vidas ejemplares y de mis nietos también aun
con sus problemas físicos como Aaron con sus hemorragias nasales o
Lauren con sus problemas intestinales, de Gaby Adele, Mia, Liam,
Emma, y mi biznieto Ayden, que cuando yo me vaya estaré siempre
en la ayuda a ellos así como yo sentí la ayuda de mi Abuelo Manuel,
y que decir del gran amor de mi vida, que aunque no lo haya hecho
bien siempre deseé tratar de realizar un matrimonio ideal ya que yo
siempre ví tantos en malas condiciones que por eso, lo hice con amor
aunque nunca me lo haya creído y que espero su recuerdo hacia mí real,
hoy deseo tanto finalizar mi vida en medio de música romántica.

Tu mirada   31-01-23

Hoy que te recuerdo en el día que te conocí que me impresionaste,
porque el sólo ver tu mirada fue el momento más divino de mi vida,
porque me enamore infinitamente de ti y al salir juntos por una vez,
y que al estar cerca de ti el besarnos fue tan maravilloso como el cielo,
porque para mí sonaron las campanas del cielo cuando me besaste,
celebrando la realización de nuestro gran amor que aún perdura,
que en medio de grandes paseos y muestras de amor,
que al realizar nuestra unión la gloria se vino a mi alma,
pues nuestras hijas que hicimos venir coronaron nuestro amor,
hoy con el corazón encantado por el amor que nos tenemos seguimos en él,
buscando que las aventuras que nuestro vivir nos da buscamos la felicidad,
porque el romanticismo lo tenemos a cada momento entre los dos,
nada nos entristece más que la vida de nuestras hijas cuando lloran,
porque nuestro amor nos indica el esfuerzo que tenemos que hacer
por ayudar para su felicidad y tranquilidad moral y económica,
porque el amor que nos tuvimos nos hizo vivir en ese mundo de amor,
que nos tuvimos y el tiempo nos pasó casi sin sentirlo por cierta alegría
que teníamos con el amor a la vida pasando en la tarea de cuidar a nuestras
hijas, al grado que de tantos momentos tanto alegres como tristes se nos
esfumó prácticamente el tiempo y la vida la seguimos disfrutando,
hoy que casi han pasado más de 50 años de aquella tarde que con su
mirada me conquistó hoy trato de revivir esa emoción que cada vez que
veo sus ojos que me inspiraron tanto amor, gracias a Dios y a ella por ese
gran amor que ha vivido en nosotros.

Trabajar responsablemente   31-01-23

Hoy que navego en el ocaso de mis pensamientos,
brincan en mí los recuerdos como aves que revolotean cerca de mí,
y es que tengo tantos pensamientos que me siento perdido
en el tiempo, como pensar cuando desde niño pequeño se me
grabaron tantos gritos y golpes entre mis padres y cuando mi madre
decidió dejarme en un orfanatorio y yo de tanto llorar me dí una
pulmonía por no hacer caso a la monja que me cuidaba por mi llorar,
y fué una enfermedad que me dió trastornos de por vida,
pero el recordar cómo había vivido antes y después de esa enfermedad
mis pensamientos o recuerdos de esos tiempos fueron de tristeza
desde que nací hasta después de esa pulmonía y el vivir en medio de
alegría al vivir 2 años con mis abuelos paternos y que fué la base de mi
experiencia para pensar siempre en la perfección de mis decisiones en mis
empleos al tratar siempre de superar la ineficiencia con que muchos trabajan
y en el transcurso de varios empleos siempre actué igual al no dejar que los
trabajos los hicieran irresponsablemente o mal ya que eso perjudicaba todo,
como el tiempo de trabajo para hacer por ejemplo reparaciones eléctricas,
construcciones industriales todo repercutía en la inutilidad de quien dirigiera
las cosas, por lo que yo no lo permitía, pero a la vez me topaba con jefes que
trabajaban irresponsablemente, fué muchas veces con problemas que me topé,
pero gracias a mi manera de trabajar pude hacer buenos trabajos siempre,
pero por estar trabajando con gente irresponsable yo fuí quien quedó mal
al venirme a buscar trabajar en USA pero que logré mucho en los ferrocarriles
de pasajeros.

Juegos de azar   01-02-23

Como vivir en este país, si no se tienen los medios económicos
porque no sé cómo calificarme a mí mismo cuando busco
ganar en la lotería, y yo deduzco que al igual que
para nosotros la gente es tan difícil ganar dinero en los casinos,
o lotería que para la gente es tan difícil ganar dinero en eso juegos,
la lotería veo que gente que vive en pequeñas ciudades son los
que más se ganan los grandes premios y en LA casi nada ganamos,
cuando aquí somos millones los que jugamos a la lotería y difícil o
imposible es el jugar 5 números que uno escoja, no pasan de 3
números premiados, inclusive veo que en los juegos de segundo chance
en una población pequeña cada semana 1 o 2 se ganan premios, si diferentes
personas en los juegos y uno nada de nada, siempre aunque somos
millones los que ponemos cientos de tikets en segundo chance y nada,
pienso que como dicen en este país como en todo el mundo gobiernan
grupos de personas que no dan la cara ni sus nombres que controlan
todo como las guerras tan injustificadas que le producen a los dueños de
las fábricas de armas demasiado poder y dinero como ahorita que le están
ayudando a Ucrania contra Rusia y nada le dicen a Rusia de que ellos les
ayudaron a defenderse de los Alemanes por eso veo que todos debemos de
padecer las guerras, la inflación, los elevados precios en todo como alimentos
ropa, casas, automóviles y renta de casas y departamentos,
eso me hace ver que el creador nada hace ante los ruegos, porque pienso que
para El somos como todos los animales que El hizo en este mundo que se
matan los unos a los otros porque así fueron creados y los seres humanos
actúan igual, que por eso pienso que el creador no nos ayuda porque así nos
creó igual que a los animales matándonos los unos a los otros sin pensar en lo
que hacemos injustificadamente.

Amarte por el resto de mi vida   02-02-23

El sonido de tus palabras enciende en mí los recuerdos de
nuestras noches de pasión en que me entregabas tu amor sin temor,
y fueron momentos que me hiciste enamorarme de ti profundamente,
que hoy de cada rosal corto las rosas para llenarte de ellas,
por la gran ilusión que formaste en mi corazón con tu tenue cantar,
todo, todo ha sido inmensamente gloriosa tu forma de amarme,
que hoy deseo con todo fervor entregarte mi vida por siempre,
porque no concibo un amor tan grande como el que me has dedicado,
que has hecho que mi vida te la dedique con todas mis pasiones
por esperar que se repitan esas entregas tuyas a mí que no olvido,
yo ahora estoy seguro que nunca hubiese encontrado un ser como tú,
tan formal, tan segura de darme tu amor y tu vida misma,
por eso también espero llenar nuestros momentos de música que te
aliente a convivir conmigo con tu gran amor a mí,
pues es una repetición de lo que te he hablado de mi vida,
y tú te entregas a mí para demostrarme cuánto me amas realmente,
que los deseo de vivir a mi lado son eternos como tú lo haces,
y que deseas demostrándome cuan enamorada estás hoy de mí,
y así me siento afortunado de tenerte a ti, cuando nunca había,
convivido con nadie para amarla, por lo que espero ahora poder
juramentarme de vivir el resto de mis días a tu lado amándote,
por la franqueza con que me lo pides y es para mí la más grande
emoción y alegría por vivir a tu lado y que sé que no podrá haber
fin a nuestro amor inquebrantable.

Ser un profesional   02-02-23

Hoy despierto a la vida que puedo formar para mí,
hoy que mi preparación me está enseñando de todo lo que puedo hacer,
que no se puede vivir de la ayuda y bajo el soporte de los padres,
ya que su única obligación fue darnos la preparación profesional,
para poder desarrollarme en el mundo laboral en que se viva,
por eso hoy veo hasta donde es posible llegar si se desea,
y al ver tanta gente que ha sabido desarrollarse profesionalmente,
yo debo hacer con toda la confianza en mí mismo una profesión,
y siempre buscar toda preparación que me permita superar mi acción,
porque el mundo se ha llenado de tecnologías por seres que han
deseado esas superaciones de sí mismos que yo debía seguir,
por lo que sé que no debo parar nunca en mi superación profesional,
y que sólo se puede parar cuando se llega a la vejez después de
haber logrado muchos triunfos a los que me haya propuesto hacer,
y que con la superación puedo lograr un matrimonio estable,
y así lograr tener una familia como la que mis padres lograron,
pero lo más preciado es llegar a puestos de trabajo importantes,
para tener una posición económicamente satisfactoria,
impedir la irresponsabilidad, la flojera, la delincuencia,
porque la ejemplificación de uno debe ser casi única y profesional,
para llegar a lograr la independencia económica a través de los
años de trabajo de uno.

¿Deseas amarme? 02-02-23

Tu deseo de amarme sin condiciones,
despertó en mí una de mis más grandes emociones,
y el desear solo verme para amarnos hiciste despertar una duda,
en un querer saber hasta dónde deseabas amarnos sin esa duda,
tus sentimientos fueron demostrando que no había maldad en tu amor,
que tu juventud y tu vida la querías entregar a mí por amor,
que los deseos de unirnos por siempre sería de mi parte,
que nunca impondrías tus condiciones que tú me amas eternamente,
que repetirme que tus deseos de conquistarme eran sencillos,
porque para ti tú nunca habías conocido alguien como yo,
eso hoy me ha hecho enamorarme de ti ciegamente por ese amor
que estás dedicándome sin ninguna presión para amarnos,
que esperas que sea yo el que corresponda a tu amor tan apasionado,
que tú nunca esperas amar a alguien que no sea yo si te correspondo,
que dispuesta estás a amarme y dedicar tu vida solamente a mí,
por lo que hoy para mi tú sí has abierto mi corazón y mi vida,
porque sólo a mí has amado y que no buscas ningún premio por eso,
que tu amor me lo ofreces libremente porque ves en mí todo lo que
has deseado para una vida de amor eterno sin problemas,
y hoy yo estoy dispuesto a entregarme a ti por amor y por esa pasión,
que por mí has demostrado sentir y que veo me llevarás a la gloria
por tu belleza, tu gran sinceridad y todas tus cualidades.

Orar a Dios   02-03-23

En la puerta de la Iglesia me encuentro yo rezando,
mientras en el interior están mis seres amados orando,
y aunque me dijeron pidiéndome entrar con ellos,
yo quise primero rezar en la puerta para pedir perdón,
porque yo no me siento digno de escuchar Misa,
sin antes pedir perdón rezando por ese perdón,
ya que mi vida no ha sido lo que pide la religión,
que es la obediencia y perfección de nuestra conducta,
y que siento que no soy digno de hincarme y orar,
que primero debo considerarme arrepentido de mi conducta,
que mis seres me reprochan mucho y por eso les he pedido
venir y que oremos para pedir un poco de compasión para nosotros,
ya que la miseria nos ha golpeado muy fuerte por mi culpa,
y eso es lo que me ha hecho parar en la puerta de la Iglesia,
ya que siento que no he merecido el perdón de Dios,
ya que mis reproches no parecen tener razón y es por lo que
me siento dentro de la tristeza que siento por mis pecados,
por eso estoy en la puerta de la Iglesia orando y cuando termine
de rezar y sentir que mis oraciones serán escuchadas,
y así sentir que seré escuchado para beneficio de mi familia
sin tanta amargura,

Me abandonaste   03-02-23

Veo con tanta tristeza como tú no me has comprendido.
por la soledad en que tú me has dejado y que mi corazón
se ha llenado de tristeza que ya ni las camelias, rosas gardenias,
sirvieron para detenerte y que tú me has dejado abandonado
en medio de este frío y solo espero que la luz del sol me dé un
poco de calor, porque en esta soledad y el frío temo no poder
sobrevivir, que es para mí la peor tragedia que me ha golpeado,
que yo te amé con toda mi ternura y tú no la viste o te diste cuenta,
que por eso me abandonaste dejándome con esta incertidumbre,
algo que hoy no sé cómo hacerte retornar a mí cuando tú eras lo
más real que a mi vida llegó para amarte con tantos sentimientos
pero que hoy en esta soledad profunda no entiendo tu ida de mi
¿Por qué me dejaste? si te adoré tanto y ame tanto que siempre lo hice
a tus deseos y es esa mi pregunta, ¿Qué fué lo que hice? ¿Por qué
me dejaste con estas dudas?
Yo te amé y al cielo pido su ayuda, porque solo Dios sabe lo que hice
mal para tu abandono, lloro ahora por el dolor que me causa tu partida,
que no puedo asimilar quedar en esta horrible soledad,
escúchame y regresa a mí que nadie te amará como yo lo hice durante
tanto tiempo y espero que tu santa decisión me escuche y te haga
regresar a mí.

Yo MHE   05-02-23

Hoy han pasado 78.9 años desde que nací y que esos
momentos por un lado el Doctor me llevo por todo el Hospital
por haber nacido el 10 de mayo día de las madres provocándome
una infección en mis ojos que por un mes me daban terapia en los
ojos, pero lo más absurdo fué que mi padre cuando me vio en el Hospital
le pregunto a mi madre "Y este de quien es hijo" por lo que a mí nunca
me quiso como hijo a pesar para él de que yo nací con los ojos verdes
y pelo rubio de piel blanca igual que su madre de él quien por su padre
era indio zapoteca de color de piel muy obscura, ojos negros, bizco, algo
calvo pero lo más problemático para mí fue que a mí no me festejaban mí,
cumpleaños por ser el día de las madres y hasta que me casé no se
me festejaba el 10 de mayo y además que en la ciudad de México la
gente de mi color éramos muy discriminados y los golpes no me faltaron
en las escuelas primarias y luego en la H. Escuela Naval Militar seguí en
esa discriminación y agrego que una vez que formados en línea estábamos
los 250 Cadetes para pasar al comedor el Comandante del cuerpo de Cadetes
se me acerco enfrente de mi cara y en voz alta para que lo oyeran todos dijo
"Sí las miradas mataran Usted ya me hubiese fulminado" yo solo le
contesté yo tengo mi mirada al frente, pero todos los Cadetes que lo oyeron
empezaron a burlarse de mí poniéndome sobrenombres y burlas por lo que
tuve que responder a los de mí generación con golpes, pleitos e insultos para
que dejaran de burlarse de mí, pero de que a mí me discriminaban lo hacían,
aún ya casado, en mis empleos fuí también discriminado y cuando me vine a
a vivir a USA aquí también como en México sentí discriminación pero en
AMTRAK donde tuve mi ultimó trabajo tuve, tantos cursos como en la
Fábrica de GE de locomotoras y en los talleres de AMTRAK en Wilmington
y en las mismas oficinas de AMTRAK sobre Las Locomotoras, aire acondicio
nado la contaminación de la atmósfera, el ozono, así como en los empleos que
que tuve en Méx. En GE de México, en Westinghouse, una gran Impresora de
Calendarios, una Constructora en AHMSA y luego con mis negocios propios
que hoy me siento satisfecho por lo que hice.

Guerras sin razón   05-02-23

Vivimos supuestamente en el país más avanzado del mundo,
y cuando de adolescente leí sobre la segunda guerra mundial,
todo se me ha venido a la mente como una pesadilla por lo leído,
primero cómo este país ayudo a Rusia a destruir los grandes
ejércitos Nazis proporcionándoles toneladas de tanques, armas,
barcos, ferrocarriles y todo lo que necesitaran los Rusos para
derrotar a los Nazis y también les proporcionaron todo lo que
necesitaran para acabar con los ejércitos Japoneses, inclusive fué
el primer país atacado con Bombas atómicas y a toda Asia les
ayudaron, para mí lo absurdo es que Rusia no parara de asesinar
a su misma gente por considerarlos anticomunistas matando cerca
de 40 millones y así establecieron en Rusia el comunismo,
y después de ayudar a Rusia también les ayudaron a los Chinos
sin tomar en cuenta que estaban en guerra contra la gente que no
aceptaba el comunismo y así sostuvieron la ayuda a los dos que
cuando la guerra acabó se volvieron el peor enemigo de USA
y a mí me confunde todo eso al ver que no se sabe si se les cobró
la ayuda que les dieron y claro se ve que sólo USA se ha armado
más fuerte para ser la potencia militar que ha sido hasta el día de hoy,
que no se ve respuesta militar contra Rusia sólo la ayuda para Ucrania.

La inmigración   06-02-23

Cuánto dolor produce el ver a tanta gente que cree
poder venir a vivir el "sueño Americano" en USA
porque en sus países son víctimas de asaltos, torturas,
secuestros, asesinatos y tantas tragedias, porque en sus
países las autoridades no cambian la forma de gobernar
como el comunismo en Cuba, Las Dictaduras en Nicaragua
y Venezuela que en las noticias de allá se ven tantas tragedias
y maldades que es increíble que esos Dictadores sigan
dominando esos países y luego cuando se ven tantas industrias
extranjeras que producen tantos productos comestibles y así
trabajando en esos países que no se entiende, también porque
esa pobre gente sufre tanto, dan a entender que las autoridades
no hacen nada por combatir a los delincuentes que se han vuelto
los dueños de los países de donde vienen los inmigrantes que
no saben a qué o donde llegan, porque no les dice nadie que aquí la
indigencia la hay por miles que por todo el país rebasan las cifras
y esa gente tiene muchos años de vivir en cajas de cartón o telas
tiendas de campaña o hechas con lonas y viven en las calles,
y es por lo que pregunto a qué vienen esas gentes o los dejan que
se internen en el país y que cuando logran un trabajo se los dan
por 20 horas a la semana sin beneficios ni seguridad de mantener
el empleo y luego que llegan a vivir como los indigentes en la calle
y con toda familia y es por eso que pregunto,
¿Por qué los dejan hacerlo?

Las flores y tu amor   06-02-23

Riego de Gardenias el camino para ti.
Oh flor del paraíso que por amarte a ti
Siembro en el camino rosas y claveles para engrandecerte a ti
Porque las Peonias me han enseñado a pensar en ti,
Que es un endiosamiento que los Claveles y las aves del paraíso
Me dedique a ti.

Porque cuando llegue a ti respondas a mi amor y a mi Tango bailar
Porque inspiras tanto amor en mí por tus flores que te pido bailar
Porque desde el cielo nos dejan caer los Tulipanes y Claveles para bailar
Porque los Tangos llenan mis ansias de amarte y te pido conmigo bailar
Porque sólo el amor rodeado de Margaritas ahí vamos a bailar.

Que sólo el amor y el ensueño de bailar Tangos me nace sólo contigo
La gloria en las sombras encuentro lleno de luz y amor contigo
Nada me alegra la vida más que llenar de Margaritas para amarlas contigo
Porque nada en esta vida me ha llenado de amor como contigo
Por eso le mando al cielo más Aves del paraíso para vivir contigo.

No soy un esclavo de la calle pero sí lo soy de tu amor
Porque a la vida vine para buscar flores para vivir con tu amor
Sólo por el canto de las aves alrededor de tus Gerberas recibo tu amor
La vida me las has cultivado llena de Rosas y Gardenias por tu amor
Y hoy puedo bailar los más inspirados Tangos por tu amor.

Un viaje de prácticas en Barco   06-02-23

Cómo olvidar esos mares por donde navegué cuando fui Cadete,
cuando la vida me pareció un regalo de Dios por ser Cadete,
por mi oportunidad de ser miembro activo de la H. Escuela Naval M
hoy pienso en aquellos momentos inolvidables cuando salimos de
Acapulco de viaje de prácticas para navegar por el Océano Pacífico
hasta el Canal de Panamá. la esposa del Presidente de Méx.
en aquellos años le regaló a la generación de Ingenieros Civiles de la
Facultad de Ingeniería Civil de Guanajuato el viaje de Acapulco a
Veracruz pasando por el canal de Panamá y para nosotros fué una
cómica aventura ya que ellos no soportaron el vaivén del barco y
casi se la pasaron en la enfermería o en los camarotes que les asignaron
pero para mí fue un viaje inolvidable el ver y contemplar el mar y en las
noches el cielo estrellado y llegar a Panamá por 3 días para pasear por
las calles del Puerto fue asombroso, luego salimos navegando por el
canal hasta el puerto de salida al Mar Caribe y cuando el Buque Insignia
empezó a salir al Mar Caribe los Ingenieros nos preguntaron que si así
se iba hacer el Barco pues les dijimos que sí y ya no los volvimos a ver
en la cubierta del Barco pero para mí fue fantástico porque yo hacía la
tarea de serviola o sea en una cápsula en el mástil mayor me pasaba horas
reportando la travesía en el oleaje, los Barcos que pasaban a nuestro lado
y lo que me fascinaba era el oleaje del mar y llegar a la Isla Cozumel y
luego a Veracruz convirtiéndose para mí en uno de mis mejores viajes
de prácticas en la HENM.

Terremoto en Turquía   07-02-23

¿Cómo poder aceptar una gran tragedia?
provocada por una catástrofe originada por un
terremoto de 7.8 y fuertes replicas mayores de 6
puntos en la escala de Richter en un lugar donde ya
habían tenido un terremoto de grandes consecuencias
en 1939 y que ha sido en un lugar de grandes riesgos
por la zona de placas tectónicas muy movibles que son
las que producen los terremotos y lo más absurdo es que
sabiendo el peligro en que se encuentran hallan permitido
la construcción de grandes edificios que como nos han
enseñado han sido demasiado trágicas por el derrumbe de
1,500 edificios y llevan más de 35,500 gentes muertas y más
de 7500 personas heridas de todas las edades
y no solo pasó en un solo país sino también en Siria que está
al sur de Turquía y es donde a mí me resulta mi critica,
Dios no hizo el mundo con idiomas, países, razas, nos creó
a todos por igual y lo más ilógico es que el ser humano tiene
raciocinio y no parece usarlo, porqué esas guerras estúpidas
y la creación de más religiones, es por eso que no puedo concebir
a la raza humana peleando entre sí por sus países o religiones
y es esa mi pregunta ¿Hasta cuándo el ser humano entenderá el
porqué de habernos creado sin idiomas, países sin fronteras ni
religiones? Que ha sido el ser más equivocado en sus creencias
y que debe ya usar la inteligencia la lógica y la ética con la moral
de los seres que fueron creados y no como animales.

Grace Moore una leyenda   07-02-23

Oírte cantar es como decir ¡oh mi Dios! cuánto amor,
que expresabas con tu cantar, tus ojos, tu alegría,
que difícil es olvidar alguien como tú cuando tu voz lo llena a uno,
porque difícil es oír cantar a alguien con tanto sentimiento,
que a mí me hace pensar en lo maravilloso que debe haber
sido encontrarte y poder adorarte con tus cantos que era entender
lo grandiosa que se te veía como cantabas y actuabas,
algo que hoy es tan difícil de encontrar y que ahora eres una
leyenda en la actuación y tu cantar,
algo que hoy es tan difícil de encontrar alguien que cante como tú,
porque se ve que a ti te hicieron verte como la dama más
hermosa con tu canto en tus tiempos en que hacías películas,
que aun hoy nos haces amarte en nuestras mentes por tu cantar,
y tu actuar era un verdadero sueño pensar que vivieras para ir
a escucharte y verte actuar y tus cantos inigualables por tanto
sentimiento conque cantabas con tu voz tan impactante que hasta
la fecha eres una gran cantante y actriz que sentarme a verte en
películas veo la gran dama que fuiste que conquistaste a todo
el mundo con tu voz y tu actuación en las películas que filmaste
y al cielo encomiendo que te escuchen cantar y te alaben como
lo hicieron en esta vida.

Mi vida y mis hijas 08-02-23

Cómo quisiera poder escuchar a cada una de mis hijas,
porque esa actitud que veo en ellas me deprime mucho,
mi vida para ellas estuvo muy complicada por mis malas
decisiones quizás, pero yo siempre traté de conservar lo hecho
primero en las Compañías en que trabajé y luego con mi
con mi taller que por falta de dinero traté de hacer que lo
pudiera sostener y luego cuando un primo me dijo de trabajar
en Los Angeles se podría trabajar y hacer mucho dinero como
electricista pero aquí se requería la licencia para eso pero también
entiendo que para ellas no fue nada fácil ni lo ideal de traerlas aquí,
pero cuando obtuve el empleo en AMTRAK eso me permitió poder
poderles ayudar económicamente con sus estudios Universitarios,
pero que la lesión que sufrí en la columna vertebral me incapacitó,
pero que gracias a que yo había comprado mi casa y que en determinado
momento fue mi salvación, ya que con la indemnización pude pagar la casa
de lo que yo debía y se me hizo una realidad hacerlo pero también me pegó
el Cáncer de colon que yo padecí que por suerte no tuve que vender la
casa por la incapacidad que me hubiese producido el Cáncer que hubiese
tenido que renunciar a mi trabajo en AMTRAK si hubiese seguido en ella
y vender la casa, cosas que pude salvar y que hoy son patrimonio de mis hijas,
pero lo que me duele es ver que ellas no han aceptado mis decisiones para
luchar por ellas, porque la vida en todos lados no es nada fácil y solo la muerte
me podrá detener mi lucha por ellas.

Amarnos como nadie   08-02-23

Caminare en tus caminos y te encontraré
Porque sé que conocerte fue cuando te dije te encontraré.
Sabía que el amor brotaría en ti por mí ya que dijiste te encontraré
Y hoy ese amor que de nuestras almas hay es porque te encontré
Siempre con tu belleza que me das cuando te encontraré

Porque amarte ha sido lo más inolvidable de mi vida
Y nunca podré tomarlo como una aventura en mi vida
Porque un amor como el que me das es para amarte toda mi vida
Y las campanas de la Iglesia nos llaman para amarnos toda la vida
Porque sé que una mujer tan amorosa como tú hay hoy en mi vida

Porque amarte es renacer a la vida con tu amor por siempre
Amarte es y será para mí una forma de vivir por siempre
Porque nada en estas tristezas de la vida se vive por siempre
El hecho de haberte encontrado es y será mi alegría para siempre
Nadie en el mundo puede comparar este amor que es para siempre
Y nada ni nadie me llevará a una vida mejor que contigo por siempre

Ni las tardes nubladas y lluviosas me apartan de ti
Amarte en cualquier forma serán mis mejores deseos por ti
Nada en la vida me ha dado tantas ilusiones como ha sido por ti
Y no llego a pensar en nada que me aparte del amor que tengo por ti
Eres mi mayor emoción cada vez que el amor me das por ti.

Tú el amor de mi vida 08-02-23

Un gran deseo siento por tenerte alegre cada instante
de mi vida, porque hasta ahorita siento que el cielo
nos ha regalado esta vida de amor que hemos tenido,
y que es para que cada día recordemos al amor,
sí, el que nos ha acompañado por tantos años unidos,
que la vida a tu lado para mí es para grabar en mi
corazón cada instante que con tu amor haya vivido
porque has hecho de mi vida un verdadero paraíso,
en el que no hay lágrimas de dolor por desamor,
que tampoco vivo en una gran tristeza a tu lado,
que solo he recibido tantos días meses y años de
grandes momentos de amor y vida,
que nunca me has dado motivos para arrepentirme,
ni tampoco me has dado porqué vivir enojado contigo,
que aunque no me lo creas el haberme dado la mayor alegría
con la llegada de cada una de nuestras hijas el paraíso a tu lado
me hiciste sentir lo que con ellas vivimos y aunque lejos
de nosotros viven siguen siendo esos ángeles a quienes amar
y cuidar que por lo que a mí respecta sólo puedo gritar al viento
las amo con todo mi corazón y mi alma, que han sido el mejor
motivo para motivar mi vivir y que cuando me vaya me iré
con toda la alegría que la vida nos dá.

Las enfermedades   09-02-23

Qué fuerte es la angustia cuando se llega a la vejez,
y arrastra uno en su cuerpo una serie de enfermedades,
que generalmente lo esclavizan a uno por las medicinas,
los tratamientos médicos, los problemas físicos como
los dolores musculares, los trastornos en la digestión,
y tantos otros con los que uno tiene que subsistir,
y claro no es tan fácil resignarse a esas limitaciones,
que las enfermedades provocan en uno como es la
Diabetes que le limita a uno con las comidas y bebidas
y el tener que estarse checando uno el azúcar en el cuerpo,
y además los problemas físicos como el cáncer de colon,
que provocan serias complicaciones y cuando se sobrevive
las limitaciones son también difícil de sobrellevar como el
estreñimiento o diarreas, y cuando uno se lesiona la
columna vertebral y se daña una hernia discal la vida se hace
más complicada porque reparar ese daño la muerte se puede
causar, por eso es tan importante no provocarse uno daños,
daños físicos que pueden ser mortales o dejarlo a uno muy
incapacitado físicamente por la lesión que se haga uno en el
cuerpo, y también la importancia de cuidarse uno, como lo que
se come, se bebe o se respira, como son las comidas que producen
el colesterol que daña el hígado, las bebidas alcohólicas que matan,
el fumar todo tipo de cigarros, mariguana y tantos que también
matan por el cáncer de pulmón que producen,
por eso debe uno vivir siempre bajo supervisión médica porque
también debe uno tomar en cuenta los efectos secundarios de las
medicinas porque no toda la gente les trabajan las medicinas bien.

Mi amor eterno   09-02-23

En la vida y en la muerte yo siempre te amaré,
porque tú siempre fuiste el mayor símbolo para amar,
tus cualidades y tu belleza desde que te conocí te amo,
no hay ninguna mujer que sepa yo que pudiese yo amarla,
sólo a ti te seguiré amando como desde que te conocí,
que entonces eras una jovencita encantadora y hermosa,
que sólo a ti podría enamorar y hacerlo con todos mis sentidos,
porque eras para mí el símbolo de todo lo que podría amar,
y cada instante a tu lado es para mí estar junto a una mujer llena
de amor que fuiste lo más grandioso para mí que me aceptaste,
sé que quizás tú no pienses de mí lo que yo de ti,
que cada día que viva a tu lado será siempre la mayor alegría de
amor que tenga siempre contigo, que a mí sí me intriga qué es lo
que de mí piensas y sientes, porque nunca podría sentirme bien
si para ti no soy lo que creó, porque siempre deseché cualquier
duda, porque siempre he deseado amarte bien que todo lo que
aprendí para amar lo hiciera porque sé que es imperdonable forzar
a alguien para que me ame, porque sé que el amor debe ser el mayor
mérito para vivir y sí por eso doy las gracias eternas por haberme
aceptado para amarme y vivir a mi lado.

Ser un empleado útil   09-02-23

Ya no es momento de desperdiciar la vida,
porque vivir, solo lo hacemos una sola vez,
y yo debo seguir buscando medios y recursos para vivir
bien, que hay tantas necesidades para sostener una casa
que es lo que uno debe siempre interesarse por hacer,
no todos somos iguales y quien no vive con buena actitud,
la muerte o la cárcel llegará a esa persona,
porque no se puede vivir en las penumbras de la maldad,
por eso yo me dediqué desde joven a ser alguien útil,
y pienso que la vida me premio con los excelentes
empleos que tuve y que fueron tan significativos por
lo que viví en ellos y las cosas que aprendí en los cursos,
así como las emocionantes aventuras que tuve viajando,
porque si no era para adiestramiento era por las ventas,
o contratos que hacía y lo más benéfico es lo que viví y
aprendí porque no es lo mismo ser un empleado estable
en una posición a ser un vendedor, un gerente, o un
inspector y con tantas cosas que atender viajando y tomando
cursos, yo siento ahora la gran satisfacción de todo lo que hice
en mis empleos y que no fueron como digo de un empleado
fijo sino prácticamente un empleado de muchas tareas por
aprender o desarrollar como fue el ser Inspector Federal en
los Ferrocarriles de pasajeros en USA.

Los Gobernantes

10-02-23

En medio del frío y la lluvia camino solo y triste,
porque salí a buscar un empleo y una habitación,
pero mi vida no es la de un huérfano,
sino de un ser despreciado por mis padres,
y absurdamente teniéndome en la Ciudad cuando yo
podía tener un hogar mejor y considerándome un ser
humano que a mi edad debía vivir sí, con mis Abuelos
paternos un Abuelo con el que aprendí tratar de ser un ser
útil y ejemplo de sus enseñanzas y que me enseño lo más
vital de esta vida, que me hizo saber que no vivimos en un
mundo libre, que es un mundo controlado por un poderoso
grupo que lleva miles de años dominando el mundo,
yo he ido comprobando a través de mi vida lo que mi Abuelo
me dijo sobre los Gobernantes en México y que eso fue lo
que me hizo poner atención en todas las cosas que han pasado
y siguen pasando en el mundo que es precisamente que no tiene
caso decir lo que mi Abuelo me expresó cuando a mis 14 años
estuve en su casa, y porque siempre he visto la corrupción
y la irresponsabilidad con que los Gobernantes gobiernan el
mundo porque yo veo que a ellos sólo les interesa su puesto
y para nada lo que la gente sufra y que están sujetos a miserias
torturas, esclavitud y muerte por eso veo que es mejor para mí
cuidar mi casa y mi familia.

Te espero con amor   10-02-23

En el atardecer espero tu llegada pero la lluvia me cubre
y aunque el frío y la lluvia cae sobre mí, mi ropa me cubre
y es tan fuerte la ilusión por verte para amarte que el árbol me cubre
y nada me hará irme de aquí porque el amor a ti me cubre
sí, de cualquier dolor o tristeza que tu amor espléndido lo cubre

Escucha la música con la que espero tu llegada
porque es tan impresionante como tu amor cubre tu llegada
ya mis pensamientos se están componiendo para tu llegada
porque hasta mi corazón palpita más fuerte ante tu llegada
y es que el amor enciende mis pasiones por ti y espero tu llegada

Las rosas en este parque donde te espero como tú brillan
es una parte de la belleza de todas las flores que como tú brillan
yo no desespero porque al cielo también admiro que las estrellas brillan
y el amor que siento por ti me conlleva a esperar tu rostro como brilla
que no hay tristeza porque sé que llegarás a darme tu amor que como tú brilla
.
Y es que tu corazón y tu mente sé que piensan en mi amor
que siempre compondré nuestras vidas para aumentar tu amor
porque sé cuánto debo luchar para dar todo de mí por tu amor
es tu belleza también la que me hace pensar en el deseo por tu amor
ven a mí, no me dejes olvidado en este parque, mi amor por ti desea tu amor.

La orfandad

12-02-23

Hoy que he vivido ante tantas adversidades,
como fue el ver que no fuí un hijo deseado,
que quizás fuí objeto de un forzamiento del alcohólico
de mi padre, porque siempre viví en la orfandad,
que como seres humanos no comprendemos en la infancia,
porque el ver cómo la mayoría de las familias aman cuidan
a sus hijos, así como también los educan algo que no tuvimos
nosotros, y sí, el comprender ya de adolescente lo que todos
dicen de uno es difícil de aceptar por el deseo de querer llegar
a tener una buena profesión y educación así como desarrollar
una vida bien, lo difícil es aceptar lo que la gente dice de uno,
que uno no debe vivir con esa vida recordando lo que se vivió,
y es muy fácil decirlo para quienes tuvieron una vida normal,
pero para uno que tuvo uno que vivir tantos momentos como
la soledad, hambre, desprecios, pleitos, fríos sin juegos, gritos,
maltratos desde que uno es un bebé y tanto que se viven cada
día, de noche se sufre muchos malos tratos que se van grabando
cuando se tiene una infancia no tan buena vida que se va viviendo
y que en la mente siempre existirán y lo harán a uno muy difícil de
socializar o de convivir sanamente con la familia que se ha formado,
cada hecho desagradable resaltan los que se vivieron tanto en la
niñez como en la juventud, por eso es bueno que no se nos critique
tan duramente y sí con cierta nobleza y comprensión.

Sistemas de Gobierno　　　　　　　　12-02-23

Escuchar y ver al sistema de Gobierno en que se vive,
no siempre es fácil ante tanta maldad, corrupción,
malos gobernantes y un sistema de Gobierno irreal porque
no se tiene un buen Gobierno, y más donde se trabaja sin un
sistema laboral en que se tengan buenas prestaciones, buen
salario y una buena seguridad laboral, porque hay lugares donde
no les dan empleos de 8 horas diarias de trabajo y solo les dan
tiempos parciales sin prestaciones, por lo que es difícil vivir,
y más cuando se vive bajo Gobernantes tiranos que no ayudan
a la población, que sólo protegen a los industriales para que traten
a sus trabajadores y puedo decir malamente porque cuando se tiene
un trabajo de pocas horas y bajos pagos hace que la esposa trabaje
y los hijos también si tienen la edad para hacerlo y es una de las
formas en donde se vive que por eso es un absurdo decir que existen
lugares donde el vivir es un sueño realizable por cómo se gana se
trabaja y la cosa que no es fácil de establecer en un país donde no
existen buenos empleos y son mal pagados considerándolos el sueño
ideal para vivir, un ejemplo es encontrar que la mayoría de los países
tienen o malos Gobernantes, malos sistemas, y tantas cosas que es
difícil escoger un buen lugar para vivir.

Tú y los conciertos   12-02-23

Un verdadero concierto andaluz es tu amor para mí,
porque amarte es escuchar lo mejor del amor,
porque tú me das todas las ilusiones y emociones para tu amor,
por eso cuando a mi lado escucho los mejores conciertos porque
es así el amor que tú me entregas con tanta pasión,
como es el bailar esos conciertos de andaluz,
que es la música que te hace resaltar toda tu belleza,
que eres para mí la mujer más encantadora y feliz,
que la música nos hace bailar junto al amor que nos tenemos,
los mejores conciertos bailables que hasta en la oscuridad bailamos
porque tu amor es una gran alegría para emocionar a mi corazón,
que hoy siento no haber amado nunca como hoy te amo a ti,
que hoy siento que tú eres un ser de la gloria para nuestra vida
de amor, porque repito, nadie es como tú como son los conciertos
de andaluz para amarlos y bailarlos, que hoy siento que ti y yo nos
debemos el uno al otro para amarnos en vida y eternamente con
pasión, porque tú eres como una guitarra que al tocarla suenan
tus notas de amor apasionado y real, que hoy amarte es el mejor
milagro que Dios me ha regalado que como te dije nadie hay para
substituirte en tu gran amor a mí porque sólo en ti se han sembrado
mis deseos de vivir amando y eres tú ese ser ideal para amarte y que
cuando muera yo sea en tus brazos.

Las necesidades sin recursos   12-02-23

Hoy que la muerte ronda a mí alrededor,
veo con pena que no he logrado lo que los míos esperan,
y por eso aún busco algún otro medio que me ayude,
yo luché aún contra la adversidad de no haber tenido
padres que vieran por mí y sin embargo a mi madre ayude
y sólo me han robado de lo que le presté y le dí no me
han pagado mis hermanas aún gozando de grandes riquezas
por eso veo que Dios nos dió esta vida para ser nosotros
quienes luchemos mientras vivos estemos por nosotros mismos,
porque en esta vida somos como las plantas y los animales
sólo nosotros podemos ver por nosotros mismos,
yo veo que al igual que los animales nos matamos igual,
que nada ni nadie nos ayudará o protegerá más que nosotros mismos,
hoy para mí la miseria, las enfermedades, las restricciones están
encima de mí y por más que al cielo pido ayuda solo llega lo que
yo solo consigo o a lo que tengo derecho por eso es mi clamor
y mi desesperación y más ahora que las enfermedades me azotan
más ya no sé qué hacer, más que seguir esperando lo que llegue a mí
ya sea ayuda o la muerte porque la gravedad me está presionando
cada vez más y a los exámenes, las medicinas o las consultas con
Doctores me atengo por eso ofrezco estos pensamientos para que los
jóvenes lo prevengan y los mayores se atengan a lo que venga
porque las necesidades no se pueden cubrir cuando no se tienen los
recursos necesarios.

Un amor verdadero   12-02-23

Cómo comparar un concierto de música Española o
mundial cuando lo hacen a uno revivir todo el o los amores
que se tuvieron y que solo un amor tan apasionado y real
se logró tener en la vida y que por más que uno deseé
sólo un amor se vuelve real y sincero por lo que se debe
corresponder con sinceridad y amor apasionado y real
que nunca se encuentra uno con alguien que de verdad
entrega su amor sin condiciones ni a la fuerza,
siempre se entrega con todo el ánimo de amar sinceramente
y espera siempre la unión marital bajo las manos de Dios,
y es la música la mejor llave para abrir nuestros corazones,
ver cuán inmenso puede ser nuestra felicidad al unirnos,
y nuestro amor unido hasta la eternidad bajo las leyes de Dios
que has sido tú la que conquistó mi corazón y mi ser de por vida
hoy ya no tengo más ilusiones más que amarte hasta como te dije
la eternidad porque en nadie confié en sus verdades como en ti,
y no hay pesar en el amor que recibo de ti tan sincero y soñador,
por qué es lo que me pasa por la mente despierto o dormido
sólo eres tú a quien amo tanto y cuando de esta vida parta deseó
tanto que sea en tu brazos y tus oraciones para que en la eternidad
volvamos a unirnos, solo tú y nadie más para amar y es lo que
grito al cielo, sólo a ella Dios mío me uniré en tu reino con amor.

Las flores del jardín   12-02-23

Mi jardín florece, los alcatraces, las camelias, las rosas,
florecen y también las mejores inspiraciones para mí,
las gardenias que por su aroma y su belleza enternecen mi alma,
porque las gardenias me llevan al recuerdo de quien he amado
y que fueron las primeras flores que adornaron nuestro amor,
y esta belleza de jardín me hace ir a arrodillarme ante el gran ser
que es el amor de mi vida, que su belleza de mujer se engrandece
con el aroma y la belleza de nuestras flores y poderle rogar por
un beso de amor mientras sé que nuestro amor la mantiene ocupada
y que lo que yo busco es algo que nos mueva a nuestro amor a
besarnos y vernos para dejarme contemplarle su belleza,
como lo hago ante las flores de nuestro jardín tan bellas como ella,
flores que nos dan tanta inspiración para el amor que nos tenemos,
que ellas entienden nuestro vivir como nosotros el de ellas,
que por eso nos amamos y la felicidad nos rodea a pesar de las
tormentas o sequías que a nuestro jardín les pega cada día que llueve,
y que las flores nos enseñan cómo viven o sobreviven para que
no nos rindamos ante las adversidades de la vida que por eso florecen
su aroma nos lo ofrecen para motivarnos a vivir amándonos y felices
que cada día retoñemos como nuestras flores lo hacen a nuestras vidas.

Mi Tía Cecilia   14-02-23

Cecilia tu gran nombre como lo fuiste tú,
el recuerdo de tus consejos fueron los más hermosos,
que como una Tía me enseñaste cómo una madre adora
a sus hijos y lucha por ellos y que guardara mis rencores
y adorara a mi madre con quien compartiste tu niñez,
y el recordarte en aquella ventana o balcón ha sido algo
que nunca he podido olvidar, más al escuchar el concierto
de Franz Schubert # 8
Ceci sal al balcón como silbido
yo siempre sentí que tú eras una madre inolvidable que
quizás el haber sido hijo tuyo la vida para mí hubiese
sido lo que siempre deseé tener como madre,
las pocas veces que pude estar en tu hogar tu trato era tan
cariñoso y atento por ser tu sobrino, yo nunca ví en ti nada
anormal y cuando supe que tú tenías una incapacidad que para
mi quien lo tenía fué tu esposo y mucha tristeza el saber
adonde te internaron, demasiada tristeza me dió tu
fallecimiento por eso hoy te menciono.
"Tía Cecilia yo te elevo como un ser de grandes sentimientos
y belleza maternal"

Crímenes injustos 14-02-23

Oír y ver tantos incidentes mortales,
provocados por individuos que de plano actúan
como locos o seres malditos y pervertidos,
y que yo no puedo entender cómo pueden matar
a seres que ni siquiera conocen y que muchos
han sido jóvenes estudiantes Universitarios
o personas que por sus necesidades andaban en la
calle o en centros comerciales y que fueron asesinados
sin compasión y lo que creo que a todos nos pasa
es que cuando detienen a esos asesinos son juzgados
y sentenciados a cadena perpetua algo que parece no
ser un verdadero castigo, primero porque actuaron como
dementes, porque nadie actuó para impedirles comprar armas
y en algunos casos las Autoridades no actuaron correctamente
y dejaron que el número de muertos fueran niños o adultos
más alto de lo que pudo ser como el caso que hubo en Texas,
y tantos crímenes que se han cometido en los EE.UU como en
un Jardín de niños donde también fueron asesinados niños,
que para mí pensar han sido crímenes estúpidos y sin razón,
por eso siento que el castigo penal no es lo que se merecen,
y deberían las Autoridades castigar más duramente para que
la humanidad sepa que si cometen esos crímenes, el castigo
será más fuerte, como la pena de muerte porque yo no veo
justo los castigos que les imponen a los delincuentes por la
matanza sin razón.

Gobiernos dictatoriales   14-02-23

Ver por todo el mundo que se establecen sistemas
de Gobierno crueles por religiones o doctrinas políticas
que producen mucha esclavitud y matanzas, miseria
en las familias y ver que ellos pregonan tener sistemas
ideales de Gobierno y que se ve tanta crueldad por lo
que no se puede ver que sean buenos sistemas de
Gobierno y que se vé que son más Dictatoriales y que
se establecen fuertes sistemas de esclavitud ciudadana,
que yo por eso siento que el mundo está malamente
Gobernado y aunque la gente que quiere sostener no
les importa en qué sistema viven porque la gente sufre
de toda clase de faltantes como medicinas, Hospitales
artículos comestibles, fuente de trabajo y que son países
Gobernados por Dictadores y mucha de esa gente huye
de sus países buscando asilo en otros países como México,
EE.UU u otros y la gente que se rebela y protesta son
encarcelados y sujetos a largas condenas en prisión que es
lo más ilógico que se ve en el mundo, países que han sido
controlados por los Dictadores desde hace años, por lo que
sean aceptados es algo que yo no entiendo de los sistemas
de Gobierno Mundiales que matan tanta gente, encarcelan,
deportan y tantas adversidades.

Persecuciones automovilísticas   14-02-23

Desde que llegamos a Los Angeles, Ca. y que empecé
a trabajar, un compañero me comento que una de las
mayores tragedias automovilísticas son las persecuciones
que realiza la policía a delincuentes que se roban carros
u otros delitos y que la policía los persigue por donde sea
que traten de escapar en el Condado de Los Angeles y a
veces o casi siempre corren a velocidades a más de 100
millas por hora y a pesar que son perseguidos por varias
patrullas los delincuentes no se detienen y cuando lo hacen
algunos se bajan de los vehículos y corren tratando de
esconderse de la policía u otras en las que chocan con otros
carros provocando fuertes tragedias por la velocidad
que son perseguidos y lo más absurdo es que cuando los
detienen y los procesan las penas que les dan no son lo
suficientemente fuerte ya que depende de los daños que
hayan cometido y si cometieron atropellamientos o choques
mortales, lo que a mí me parece absurdo es que diariamente
hasta 3 o 5 persecuciones se hacen por el robo de vehículos,
yo he tratado de proponer que todos los automóviles, camionetas,
camiones o tráiler es ponerles un sistema electrónico que por
medio de un código en cada vehículo lo puedan identificar por
medio de las placas para automáticamente detenerlos y más
rápido consignarlos y darles una sentencia mínima de 10 años
de cárcel donde se les exija trabajar para que paguen su deudas
de encarcelamiento y daños que hayan causado,
cómo proponer y llevar a cabo mi propuesta es lo complicado.

¿Amigos o enemigos?   14-02-23

¿Qué es una amistad?
A veces en la vida se vive rodeado de otros niños
aunque no siempre tratan de ser buenos amigos,
y cuando de adolescentes se sigue teniendo amigos,
yo creo que los buenos amigos son los que siempre
lo ayudan a uno y le critican a uno lo malo que hace uno
porque si uno no se da cuenta ellos sí y saben lo que
le puede causar a uno como el ir a dar a la cárcel por no
pensar en lo que se hizo o por problemas económicos y es
cuando se da uno cuenta de ver que se tiene un buen amigo,
así como cuando por necesidades de cualquier índole le
ofrecen a uno proporcionarle ayuda tan sólo por la amistad,
lo más agradable es tener amigos reales y no enemigos,
porque hasta en la Escuela o los empleos los enemigos tratan
de dañarlo a uno, por eso es muy importante en la vida mantener
siempre la alianza con los buenos amigos que siempre ayudan,
por ejemplo, cuando se trabaja y los compañeros son amigos los
trabajos que uno desempeña lo hace a uno ser eficiente, productivo
ante los jefes, porque uno ha seguido los consejos de los
buenos amigos, yo siempre me destaqué en mis empleos y con
buenos amigos y también en mi casa mantuve buenas amistades
con mis vecinos por la ayuda que me proporcionaban y es más
agradable cuando uno considera un amigo como un hermano por
su noble ayuda desinteresada ya que los logros que uno hace se
comparten con esos amigos hermanos.

La vida en el mundo   15-02-23

En el esplendor de la primavera pienso en cómo encontrar
las respuestas de la vida que desde que nací tuve,
que siempre la ví llena de amargura y tristeza en todo,
que la humanidad ha creado por sí misma por siglos,
por la ambición de seres que deseaban ser los dueños de todo,
originando guerras o revoluciones en sus países como el mío,
provocando las grandes tragedias, matanzas y tantos males,
que ellos provocaron y que si en algunos países fueron perfectas,
porque la gente pudo convivir mejor que antes de las guerras,
pero que también cuando vivimos entre la gente y
llegamos a conocer a la pareja ideal como mujer y cuando nos
acepta tenemos que luchar contra todo lo que nos obstaculice
para tener una vida, porque tiene uno que buscar una vivienda
muebles y todo lo que se necesite para sostener un hogar y que
poco a poco las necesidades aumentan por los hijos que requieren
estudiar en escuelas y que conforme van creciendo las necesidades
aumentan para ellos y esto cuando se vive en un país donde la economía
es fácil de sostener por el empleo que se tenga, pero en países donde
la economía es difícil de manejar por ser costosa cuando los salarios
no alcanzan para sobrevivir por lo que muchos emigran tratando de
facilitarse la vida, pero que no es fácil encontrar un país donde se pueda
vivir mejor que en el de uno, pero que como sea por la comodidad de la
familia se lucha para lograrlo.

¿Amándonos? 15-02-23

Con el esplendor del atardecer te busqué por tu amor
y al ver a la lejanía la grandiosidad del paisaje brota mi amor
y todo es con el deseo de vivir a tu lado con felicidad del amor
porque sigo viendo que todo lo que te rodea es puro amor
por lo que te llevo tantas flores y regalos para pedirte tu amor

Porque sé que en la oscuridad de la noche se hunde mi paz
que todo debo resaltar para la felicidad a tu lado con paz
porque yo he sentido que amarte será el mejor camino a la paz
porque es tanto mi amor y mis deseos por ti que espero nos una la paz
paz es lo que busco para nuestro amor que siempre me has pedido la paz

Yo sí veo en ti la gran mujer con la que vivir será amándonos
porque en toda mi vida no he encontrado con quién vivir amándonos
pero tú eres para mí como un ser del cielo dispuesto a vivir amándonos
después de vivir en medio de la soledad tú eres con quien vivir amándonos
porque con grandes deseos de amor se puede vivir contigo amándonos

Y yo deseo con toda mi alma tenerte a mi lado para contigo vivir
en medio de un amor eterno lleno de cariño para vivir
con todo el amor que me has dado para nuestro vivir
con toda la idea de no forzar nuestro amor en medio del hogar para vivir
vivir una vida que se pueda con amor para eternamente con amor vivir.

Lluvias y nevadas   15-02-23

Veo con desesperación los cambios climáticos que hay,
California que acaba de pasar por una sequía extrema,
el centro del país también con sequías extremas,
pero llegó Diciembre y como un milagro California
empezó a tener fuertes tormentas y nevadas que hasta Febrero
no han parado y ver el Centro y Norte del País
también con fuertes tormentas, tornados, huracanes desde el mes
de Diciembre provocando grandes inundaciones y fuertes
Tornados que destruyeron demasiadas poblaciones y las lluvias
así provocaron por todas esas regiones grandes inundaciones
por toda la parte Este y desde el Sur hasta Canadá y luego en
Enero, Febrero fuertes nevadas desde Texas hasta Canadá que
antes no se habían tenido tan fuertes como ahora y menos las
inundaciones y nevadas hasta Texas en San Antonio y otros
lugares del Sur de los Estados Unidos como Colorado, pero hasta
hace unos días se habló que todas estos problemas se deben al
Cambio Climático pero no mencionan el movimiento que la Tierra
tuvo hace pocos años que para mí es este movimiento lo que ha
provocado los Cambios Climáticos por todo el mundo que nos van
a traer grandes problemas y que las Autoridades deben de estudiar
para prevenir los desastres, inundaciones y nevadas que no sigan
dañando a las Poblaciones.

Tú y la naturaleza   15-02-23

Con el esplendor y la belleza de la naturaleza,
veo como a los árboles y a las plantas las flores les dan
más belleza y el aroma que expiran me envuelve y me
inspiran y cuando veo tanta belleza natural mi mente
corre a ti y al verte veo que tú también eres una belleza
por lo que ambas me inspiran al amor e imaginar amarte
con toda mi inspiración y la fuerza de mi amor por ti
algo que se engrandece en mi vivir cuando me aceptas
amarnos con tanta inspiración y pasión como nunca,
que la naturaleza de las plantas y las flores nos dan,
por lo que no rehuyo a amarte en ningún momento,
porque mi amor por ti es tan grande como los rosales
y las camelias que florecen tanto por todo el mundo,
por lo que te invito constantemente a amarnos sin dudas,
y así vivir por siempre con el amor profundo que sentimos,
yo no estoy dispuesto a desperdiciar mi vida sin ti,
porque eres tú la más hermosa inspiración de mi vida,
que yo deseo ante todo los sacrificios y pesares de la vida
amarte siempre hasta mi muerte porque sólo tú y la belleza
de la naturaleza inspiran mis deseo de vivir con tu amor.

Navegar con mi soledad   15-02-23

Navego tanto en el mar por la soledad,
que desde niño la he vivido y no me ha dejado,
sé que pareciera que me quiero hundir en el mar,
pero es la tristeza con la que me dejaron en la calle,
porque el ver que nadie me amaba ni de niño,
busqué emplearme en un barco para que mi soledad
nadie me la reprochara pero equivocado estoy porque
el empleo me lo dieron por mi capacidad y no por mi
soledad y es mi labor guiar el barco sin pesares ni daños,
hoy sí he aprendido que mi soledad es mi vivir y no debo
quejarme o decirla, porque si los que me trajeron a esta
vida no les importe ni me quisieron de nadie puedo esperar
algo y en mi soledad debo vivir dejando pasar el tiempo,
quizás en algún puerto encuentre un amor, un amor que
sienta yo que le he impresionado, pero hasta hoy la
soledad es mi vivir y que quedo en el umbral de mi cabina
para dormir, porque no ha habido a quien pueda conquistar
cuando a los puertos bajo a caminar y es esa mi tristeza,
que sólo soledad encuentro por no saber quién soy para
los demás.

Ruego por tu perdón   16-02-23

Te ruego me abras tus puertas,
que entiendo porqué me echaste de tu vida,
pero la lluvia y el frío me atosigan,
por eso te ruego tu compasión, vé que nuestras
vidas valen y si tantos problemas te di déjame
arrodillarme y de esa manera rogarte por tu perdón,
que la lluvia y el frío y la soledad en que hoy tengo
que vivir pronto me acompañarán al cementerio,
porque nadie desea darme ninguna caridad,
que como te expreso sé que no supe ganarme tu amor,
pero es hoy que te ruego por tu compasión,
que fue mucho el tiempo que a tu lado viví,
que ahora entiendo tus reclamos de no saber vivir a tu lado,
que si me echaste de tu vida fué porque yo sólo supe
ganarme tus desprecios y tus rencores muy justificados,
pero te ruego por un poco de compasión que tu alma me
dé y así podré salvar mi vida de la muerte en la calle,
yo por años te enseñé cómo en la calle viví sin ayuda,
que nunca supe tener ni educación ni compasión de nadie,
te ruego con toda el alma por la oportunidad de regresar
a ti y podrás comprobar el cambio que hoy tengo.

El cáncer y yo   17-02-23

En el vendaval de mi vivir me encuentro hoy,
y pese a lo que a mi ser viene tu cantar brotará,
porque mi cuerpo cansado está y siente que las
cenizas en ellas se convertirá porque mi cuerpo
lleno de enfermedades está y siento que quizás
tu alegría brotará cuando en cenizas me convierta
que ya fué mucho el cansancio de soportarme,
que para ti no he llenado tu ser de vida feliz,
porque siempre viví atormentado por mis incapacidades,
que hoy se ciernen a mi alrededor para enseñarme mi
inutilidad y que la posibilidad de que el cáncer acabe
conmigo la hay, porque a pesar de mi suerte de haberlo
vencido una vez, hoy no creo que lo venza como en el
pasado y que con tanta angustia y mala vida que te dí,
hoy no sé si mis pensamientos coinciden contigo,
porque hoy la libertad y la felicidad que yo no te dí es
quizás lo más vigente que te pueda pasar para tu felicidad,
yo hoy tengo que rezar porque mi final no sea un drama
intenso sí es que es mi final, porque cansado estoy de los
años que de malestares viví y que ya no es justo seguir
viviendo con ellos por lo cruel que es vivir así,
siempre pensé que tú nunca me amaste que hoy te digo
que tu vida libre de mí se puede convertir en tu felicidad.

¿Revertir el pasado?   18-02-23

¿Cómo revertir el pasado? ese pasado en que
tantos momentos inolvidables tuve y que
siempre recuerdo y que quisiera revertirlos
porque en la actualidad la vida se me acaba
por la edad y las enfermedades, pero que aun
deseo vivir todo como en mi juventud donde
tuve algunas aventuras tan emocionantes que
hoy ni las huelo porque ya no tengo las personas
con quienes las viví que siempre fueron personas
tan inimaginables y que viví tan feliz en esos años
y que hoy la miseria o que por la falta de dinero ya no
puedo gozar en la misma forma que las viví de joven
que hoy el recordar cuando me enamoré tan fuerte
y que mi vida se cerró en mi mente todo lo que había
vivido tanto en mi juventud como lo fué en mi niñez
y que no había comparación como en aquellos días
en que brilló en mí el comienzo de una nueva vida
para mí con un empleo ideal y la esperanza de que
un matrimonio ideal comenzaría pronto que me
hizo dedicar todo en mi vida a ella y lo que vendría.

Mi vejez y tú   18-02-23

Será que realmente deseas cambiar tu vida,
yo he entendido que para ti, el amor por mí parece ya
no existir y que aunque el pánico se apodera de mí
hoy no puedo pedirte tu amor por esa frialdad que hoy
usas a mi lado en tu vivir, ya que no veo ni ilusión ni
emoción en ti cuando me acerco a ti, me duele mucho
esa frialdad tuya que a la vez me pregunto el porqué,
que quizás ahora la vejez ha caído en mí y que esa sea
ahora la causa de esa tu frialdad hacia mí y que aunque te
lo muestro con tu actitud tu no quieres reconocerlo y a mí
me duele mucho y es lo que me pregunto porque no me
enseñaste a vivir sin ti, pero que las enfermedades que a
mí me están dando problemas y que aunque te las muestro
a ti no parece importarte que siento que para ti mi muerte
es lo mejor para ti ya que al no preocuparte me das la idea
que a ti te alegra y es precisamente lo que me haces pensar
que eso es lo que deseas de mí y que ya no es preocupante
por la edad que he llegado y que así les pasa a todos a
mi edad y claro que si tu cansada estás de mí clara está tu
actitud y como te digo esto puede consolar tu ansiedad de
acabar con nuestra relación en que tantos años me soportaste
y que no puede ser eterna porque tu amor hacia mí no fué
igual que el qué yo sentí por ti.

Los riesgos mortales   18-02-23

Sigo viendo asaltos, violaciones y tantos crímenes,
actos que a mí me hacen pensar en el terror que dan verlos,
el vivir en un ambiente así es de dar demasiado pánico,
porque no se sabe cuándo le puede afectar a un familiar y
hoy siento la misma ansiedad que sentimos durante la guerra
de Vietnam y la de Irak porque la pérdida de vidas por el
estrellamiento de aviones secuestrados a las torres gemelas
en Nueva York que a mí me pone en preocupación por los
crímenes que han cometido contra la gente de este país y
que ha sido con gente de aquí mismo por lo que vemos todos
los días como son persecuciones, balaceras en Escuelas centros
comerciales, hogares y no dejo de sentir ese temor con que
se vive actualmente ya que por las persecuciones se originan
estrellamientos contra vehículos que nada tenían
que ver con la persecución y a los que persiguen provocan
choques a alta velocidad provocando varias muertes de gente
inocente por lo que a mí me hace también sentir pánico por eso
y que ya no sé cómo vivir aquí con tantos riesgos mortales.

¿Esclavitud?   18-02-23

¿Cómo poder entender a la humanidad?
que a través de siglos hemos podido saber como
se ha vivido y que la similitud de nuestras vidas
con la de los animales es muy fácil de entenderla
porque analizar tanta matanza que ha originado
esta humanidad, fácil es de cómo llamar a su
actitud porque siempre se ha visto cómo entre la
gente se han matado por cualquier cosa y lo hacen
contra tribus completas o grupos de gente que solo
por el hecho de vivir en poblaciones que los países
poderosos han querido quitarles sus tierras que tenían
y claro a los poderosos ni una tribu o gente con
poblaciones establecidas les ha importado quitárselas
matándolos y por eso hemos sabido de cómo la gente
poderosa no le ha importado matar tanta gente o
hacer huir de sus tierras o esclavizarles en provecho de
gente que como en América pasó y que siempre pasó
en todas las partes involucradas y que lo único que les
importó fue ganarles a esas gentes o tribus el lugar,
sin importarles nada y que se ha hecho durante siglos
y lo absurdo es o que la gente ruega a Dios para no ser
asesinados y como si no hablaran los mataron con todo
e hijos y así han establecido tantos países de toda clase
de razas y religiones.

Mi vejez   19-02-23

Qué difícil es convencerte del gran amor
que por ti nació en mi juventud y que me juré
a mí mismo dedicarte mi vida si tú me amarías
expresándomelo y tu dedicación a mí y es por lo
que precisamente lo que me hizo vivir como
lo hicimos porque a pesar de tantas aventuras
tú fuiste lo más especial por quien llenar tu vida
con amor, porque no creo que la vida se pueda
vivir en la soledad y tú viste cuantos logros
tuvimos con tu amor como base porque para mí
tú me diste la fortaleza para luchar en mis empleos
para toda clase de superioridad y como pienso
gracias a esos esfuerzos apoyados por ti hoy
vivimos en cierta forma como si fuéramos de la
nobleza de un reinado, con dinero, servicios
médicos, casa y nuestras hijas por sus graduaciones
en buenos trabajos, por eso me atrevo a decir tu
fuiste y sigues siendo la mejor inspiración tanto
para mí como para nuestra vida cómoda y que no
tenemos muchos reproches más que por el clima
y las inflaciones económicas que hemos vivido y
que a mí me provocaron grandes pérdidas que si
no las hubiéramos tenido nuestras vidas serían más
cómodas pero gracias a ti y al cielo por esta vejez.

Amores en la juventud   19-02-23

Tratar de olvidar tanta belleza que rodeó mi juventud
inútil es porque fueron ilusiones hermosas de juventud,
aprender lo que un beso significaba era grandioso,
cuando caminar tomados del brazo fué algo inolvidable
difícil de olvidar por esos amores inocentes que tuve,
uno en la juventud y en la vida en esos años no se
forma la idea de los sueños de matrimonio por la edad
por la falta de dinero, un empleo, una carrera profesional
pero tiene uno los momentos tan significativos porque la
pasión lo envuelve a uno en un amor que muchas veces
nació desde la adolescencia y que a través de los años con
la fortaleza de estudiar una profesión o una especialización
en el trabajo y cuando te acompaña un gran amor intenso y
sin barreras que cuando logra uno sus metas todos esos
momentos que de amor y esperanzas se forjaron un sueño,
si un sueño de amor que se va formando poco a poco a través
de los años de estudio o trabajo y que cuando con el tiempo se
se ha logrado una graduación y el empleo tan deseado se ha
logrado, o le han dado un aumento al empleo que se desarrolla,
es entonces cuando con ese amor que nos dió tanto apoyo y
sueños de amor ahora se vuelve la esperanza final para toda la
vida del matrimonio.

Te amo y tu vida es primero   19-02-23

Como no he de amarte intensamente por tu belleza
con tanto apoyo a mi lucha por ti no estorbó a tu belleza
sino que el amor tan intenso que me has dado con tu belleza
es la razón de mi gran amor y pasión por tu belleza
porque para mí eres ese ángel al que amo con su belleza

Que nada en nuestras vidas nos ha lastimado en nuestro vivir
que todo entre tú y yo ha sido de amor y pasión en nuestro vivir
que el despertar en cada día es siempre alegría en nuestro vivir
que el llenarte de rosas y gardenias es para endulzar tu vivir
porque una mujer tan encantadora su vida es amor en su vivir

Yo te amo con todas mis energías para engrandecer tu vida
el amarte tanto, para mí es luchar para que la felicidad sea tu vida
porque llena estás de grandes costumbres de amor y vida,
que no se puede desperdiciar un amor tan intenso para la vida
porque ni las tormentas ni fríos o miserias arruinen tu vida

¡Vamos! bailemos o cantemos cada instante para tu felicidad
que para mí sólo tú sabes cómo vivir para nuestra felicidad
que yo siempre endulzaré tu convivencia para tu felicidad
porque mi amor por ti es completamente tuyo para tu felicidad
que ni la muerte podrá impedirme darte mi vida para tu felicidad.

El canto de las aves y la música   19-02-23

Que cada día mi mente escucha los cantos de las aves,
que hacen resaltar la belleza en que vivimos,
que a cada día que aparece así los cantos de las aves,
que el esplendor del día por el sol al cielo roguemos
porque nuestras vidas sigan en ese esplendor del día,
que nada altere nuestro temperamento que con música
inolvidable adornemos más y más nuestras vidas,
que la paz mundial se llene de vida porque si perder
nuestros seres amados que nos dieron la vida es tan
doloroso, la vida la tenemos que componer con las
mejores canciones, para que el esplendor del día y el
cantar de las aves se escuche todo en combinación para
vivir llenos de amor que esa es la mejor fórmula que
tenemos para alimentar nuestro amor para quien amamos
tanto, que ni una tormenta o frío amargue nuestro vivir,
porque al mundo hemos venido como las aves a alegrar
la vida y crear lo más hermoso del vivir como son los
alimentos, la habitación, la Escolaridad, que nos abra
las puertas de una vida profesional porque a cada día le
debemos la felicidad en que vivimos que esos lugares
lugares donde el crimen sucede a diario y es por la miseria
y el hambre en que se vive que por eso es tan primordial
el tener todo para vivir en paz y armonía sin hambre.

Los accidentes en los trenes   19-02-23

Hoy que veo accidentes mortales en los ferrocarriles
de este país me remonto a mis años de trabajo en los
ferrocarriles de pasajeros, que mi trabajo estaba
siempre en la base de la perfección por la vida de
los pasajeros que viajaban en los trenes que para mi
era inconcebible la ineficiencia de los empleados
técnicos en esos trenes por lo que yo protestaba por
lo que no hacían para la seguridad de los trenes que
como una vez que al revisar las locomotoras de un
un tren que había llegado de Chicago y que traía lo
lo que es el frente metálico para remover la nieve y
esa vez la traía doblada por debajo de la locomotora
representando el peligro de cualquier objeto o lo que
fuera con un espesor de 2" pulgadas la locomotora se
descarrilaría, y el problema se incrementó cuando
el Mayor Supervisor de la casa redonda insistía que
la regresaran a Chicago para que allá le hicieran el
cambio de la pieza y yo como electricista e inspector
federal me oponía a que no se hiciera aquí en Los Angeles
y fue mucha mi insistencia para que se le cambiara ahí en
la Casa redonda y con la ayuda de un supervisor del lugar
de la inspección y la reparación así como el mantenimiento
y limpieza de los carros de pasajeros para estar listos para
los viajes y con esa ayuda se mandó a pesar del Mayor
Supervisor a que se le cambiara la defensa metálica contra
la nieve, y eso me hace pensar en el último accidente de un
tren de carga en Ohio porque los frenos de la locomotora
estaban muy desgastados se originó el accidente mortal y
demasiado peligroso por los líquidos y gases que tría
transportando causando que los carros cargados también se
descarrilaran volteándose y explotando con fuerza los
líquidos y los gases y todo contaminando y provocando
peligrosos daños al lugar donde paso el accidente.

¿Ayudar económicamente a la familia?   20-02-23

Me lleno la mente de tantas dudas,
que de amor, salud, ideas, problemas,
qué difícil es o son de solucionar,
por la falta de recursos económicos,
y el ver que entre mis propios familiares,
existen los pobres y los ricos y siento
coraje porque actúan como toda la gente
egoísta, dejan que hasta sus padres y hermanos
los consuma la miseria y mientras yo
recuerdo como ayude en lo que pude a mis
Padres y mis hermanas y que hoy veo que
hasta me han robado lo que les presté y hasta
el Departamento que le presté a mi madre
y que durante más de 39 años lo tuvieron
y hasta ayuda económica le dí a mi madre por
más de 10 años una cantidad de 15mil dólares
y hoy mi hermana me robó mi departamento
vendiéndolo sin mi consentimiento y se quedó
con el importe de la venta y mi otra hermana
también le presté 25mil dólares y también se
negó a pagarme y hoy mis necesidades no sé
cómo cubrirlas por la falta de dinero y
por eso digo qué clase de familiares tengo por
familia cuando en lugar de regresarme lo que
presté se quedan con ese dinero y según dicen
con el cielo se condenarán y a mí que me hunda
más en mi miseria y es la pregunta ¿Qué hacer?

Amor u Odios 20-02-23

Hablamos de amor y la pregunta es
amor de quién a quién porque el sentirse
ignorado en el amor, lo hace a uno pensar
en la clase de ser que es uno tratado como pareja
porque amar a quien realmente no le ama a uno y
sólo cumple con sus deberes al convivir con uno,
es mi pregunta ¿Cómo se debe actuar? ¿Tan solo
ignorar el trato que se recibe? O seguir luchando
por ganarse ese amor tan deseado que no se tiene,
el vivir en esa duda es tan crítico que por eso
las discusiones y los maltratos no se detienen y es
la gran desesperación de tratar de entender qué se
debe pensar ya que es muy difícil vivir en esa duda
de sentimientos que le tengan a uno que pienso que
pueden ser los rencores y odios que uno se ganó en
el convivir en el matrimonio, porque no dejo de
aceptar que yo pude originar tanto rencor que hoy
puede ser un odio imborrable principalmente cuando
la otra parte no quiso reprochar lo que le molestaba
y que poco a poco se convirtió en odios y que después
de tanto problema lo más seguro que le buscan a uno
es el divorcio total y definitivo.

¿Cómo cambiar mi vivir?   20-02-23

Ansío tanto cambiar mi vivir que no sé cómo,
porque la falta de dinero y el sin fin de deudas
me hace pensar en lo que me podrían cambiar
mi vivir porque todas las ideas que me pudieran
ayudar no han sido soluciones, como el gastar el
dinero en comprar Lotería y que absurdamente
que nunca se aceptará el no poder ganar algo
importante y que sólo lo dejará a uno en una
peor miseria y es lo que a mí me llena de dudas
y angustias al no encontrar solución que por un
lado la vejez y las enfermedades y por el otro
lado me han dejado en la incapacidad de no
poder trabajar y por eso pienso que solo un
milagro pudiera componer la situación y veo que
actualmente no tengo ninguna forma de cambiar
mi vida porque aunque mis hijas tienen buenos
empleos sus obligaciones no les permite darnos
ayuda y se lo que tengo y se los he asignado a ellas y
es lo mejor y último que pude haber hecho en mi vida.

Tu amor y tu música   21-02-23

En mi corazón canto con tu música,
porque en ella es el camino a tu gran amor,
mi corazón sabe cuánto te amo a ti y a tu música
a la que acompaño con mis cantos y hacerte ver
que todos mis sentimientos están en mí para ver
que tan feliz eres, por eso te canto una y otra vez
porque amarte es desear que sepas que el riego
que me dio el cielo fue para saber si me amas y
así nos amemos escuchando tu música y mis
cantos y así afirmar sí me amas como yo a ti,
y de esa manera convencer a nuestros corazones
que de verdad nos amamos intensamente que
toda nuestra vida la dedicaremos a tu felicidad
y que siempre pueda yo convencer a todos los que
nos escuchen y nos ven de cuanto nos amamos los
dos para tener una vida unida hasta la eternidad
y ser un ejemplo de lo que es el amor como el de
nosotros.

Doctores, enfermedades, medicinas y más,   22-02-23

Qué felicidad el vivir en la actualidad,
porque los avances de la medicina son un éxito
de la modernidad de la humanidad porque hoy
por enfermedades como el cáncer, diabetes,
enfermedades del hígado, riñones y tantas que
hoy basta un examen de sangre para saber el
estado de enfermedad en que estamos y que
ciertos exámenes que son programados a través
de períodos establecidos para saber si ciertas se
han vuelto a repetir y así de esa combatirlas con
medicinas y si no establecer una nueva fecha para
volverlo hacer y resolver cualquier anomalía que
le dé a uno y así poder seguir sobreviviendo así
como checarse con exámenes médicos cada 3 o 4
meses y así saber si algo anda mal y a la vez darle
a uno un tratamiento para evitar que vuelva una
enfermedad o combatirla si es que volvió a darle
a uno, por todos los adelantos Médicos yo felicito a
Doctores (as)+2, enfermeros (as) y a todos los que a las
medicinas se dedican para resolver las enfermedades
y los problemas físicos, tales como parálisis, y más
problemas de enfermedades.

Yo y mi vida infantil   23-02-23

Hoy veo que yo no supe vivir normalmente por mi soledad,
porque yo no fuí apoyado por mis padres que ni mi madre
me cuido como muchas madres ¿Y que porqué no lo hizo?
la respuesta siempre estuvo en mi cara por su indiferencia
hacia mí desde que nací por todos los maltratos que mi padre
le dió y claro fue muy entendible por la estúpida vida que mi
padre se dió por el alcohol, y en las borracheras golpeaba
a mi madre tanto que le dió una mala vida y que a la muerte de un
bebé embarazada mi madre que se lo mató a puntapiés provocándole
la catalepsia, y que no era el primero y por eso hizo que mi madre
no nos cuidara como una buena madre que claro por la culpa de mi
padre que por su vicio le mató a golpes y patadas a 2 hijos que le
había embarazado, claro yo no tenía por qué reprocharle a ella mi
vida solitaria y en la calle, porque hasta en un orfanatorio me dejó
a los 6 años y claro eso me trastornó más por lo que ahí se vive
y yo con una tormenta que hubo una tarde, me provoqué una
pulmonía que me tuvo varios días inconciente y luego tuvo que
sacarme y dejarme al cuidado de su madre porqué requería como
terapia me acostaran en el patio con el sol en la espalda por un
buen rato por la enfermedad que me quedó por el agua que se
se forma en la cubierta de los pulmones y así crecí después solo
en la calle viviendo hasta que me inscribí en la Heróica Escuela
Naval Militar.

Mis dudas sobre de ti　　　　　23-02-23

Cómo quisiera encontrar la razón de tu desamor,
tanto que he luchado para tratar de llenarte de amor,
y nada pasa siempre siembras en mi mente dudas,
dudas por tu actitud que como te digo no encuentro razón,
tanto sembraste de amor y pasión en mi mente,
y hoy es mi pregunta una y otra vez y nada de respuesta,
¿Qué es lo que hoy odias? ¿Cómo saberlo?
si tu indiferencia no alcanza mi mente en comprenderte,
tal pareciera que ya ahora deseas nuestra separación,
porque como te digo nada te convence a ti mis dudas,
de nada quieres explicarme solo existe tú silencio total,
nada explicas y es como entiendo que tu deseas tu libertad,
qué hice o me he ganado esa frialdad tuya de la que no
quieres hablar y yo ya no sé cómo debo vivir a tu lado,
tantas ilusiones de momentos de amor que ví en tus ojos,
tu pasión conmigo por todos lados y tu respuesta era amor
apasionado y eso me hizo incrementar mi amor por ti,
por las grandes muestras que me dabas,
porque para mí tu amor y tu pasión hacia mí nunca la había
tenido en mi vida y menos que despertabas en mí tanto
interés por amarte sin barreras, hoy te ruego regresarme a
esos momentos o aclararme mis dudas.

Estudiar una carrera profesional   23-02-23

Cuando joven no sabía bien cual sería mi futuro,
porque los estudios que realicé de secundaria y
preparatoria eran bastantes materias como Algebra,
trigonometría, física, ética, lógica, Historia de
México y la Historia Universal, Geografía, Español
Gramática, Inglés y otras y todas esas materias eran
difícil de entender y de aprender por lo que para mí
que tenía que trabajar me era muy difícil tener tiempo
para estudiar, por lo que reprobé varias materias en esos
tiempos y tenía que volverlas a llevar, por eso se me
hizo más difícil tener tiempo para estudiar la carrera de
Ingeniero Mecánico Electricista y también me era muy
difícil cumplir porque la cantidad de materias era de 7 am
a 2pm y se completaban con talleres para ver lo que las
las materias trataban y mi problema era necesitar trabajar
lo que hacía de 3pm a 11pm y fué lo que me impedía hacer
las tareas que nos daban, la ventaja para mí fue que en mi
vida laboral todas esas materias me sirvieron demasiado
para desarrollar mi trabajo de Gerente de un taller de embo
binado de motores y transformadores eléctricos industriales
y desarrollé ese empleo por lo que pienso que aunque si
no me gradué en la Universidad sí pude desarrollar los
trabajos que tuve.

Amarte con ilusiones por ti   23-02-23

Encontrar las palabras que me lleven a
conquistar tu amor
porque amarte ha sido mi
mayor sueño por tu amor
nunca en mi vida me enamoré de
un ángel como tú con tu amor
que para mí es el más grande capítulo
de mi vida por tu amor
porque toda mi vida ha sido mi mayor
ilusión tener un amor

Yo pienso que vivir sin amor como el
tuyo no es saber vivir
porque veo que vivir en la soledad es un
martirio para vivir
que uno se puede ganar la vida gloriosa con
un amor como tú para vivir
es mi mayor fortuna haberte conocido y
enamorarme de ti para nuestro vivir

porque veo que eres como mujer lo ideal
y solo lo tendré de ti
toda mi vida trabajando, estudiando y
luchando por ser alguien para ti
nada me puede alentar a tener la vida que
por amor tendré por ti
que por esa manera mi vida tendrá la
alegría de vida por ti
por eso te pido tu amor porque ése será
mi camino al amor por ti

Porque tú eres la mujer más hermosa e ideal
para vivir con ilusiones
porque hoy pienso en la alegría
que será una familia con ilusiones
que sí podré decir cuando me este
muriendo que mi vida fue de ilusiones
que nunca en mi vida deben acabarse
porque tú la llenaste de ilusiones
y estaré agradecido a ti que trataré de que
nuestra vida tenga muchas ilusiones.

La mujer perfecta   25-02-23

Buscar enamorarme de ti fué lo más sagrado para mí,
porque al hacerlo debo alabarte y siempre amarte como
una santa, porque tu forma de ser veo que en ti es lo más
recto de una mujer, que por lo tanto si me correspondes yo
te adoraré y te respetaré como una santa, porque sé que la
felicidad para mí está en tus brazos, que tú sabes vivir en
este mundo sin maldad y con mucha fé sí al Ser que tú
más te encomiendas y respetas que es Dios, por eso yo voy
hacer hasta lo imposible para conquistar tu amor y con el
tiempo ante mi trato a ti tú decidirás el amarme igual que yo,
porque yo estoy seguro que amarte a ti nunca me arrepentiré
de hacerlo y de esa forma pedirte amarnos eternamente ante
Dios casándonos, eso para mí será la coronación de nuestro
gran amor, y que si seres traemos a este mundo tú los cuidarás
y yo lucharé por ellos siempre por su seguridad, alimentación
y su felicidad, por eso menciono que yo no me arrepentiré
nunca porque sólo una mujer como tú tiene ese valor para los
hijos que yo también tendré y que nunca deberé hacerte llorar
que la alegría de amarnos debe ser inigualable y sí lo más ideal
en nuestras vidas que deseo que todos sepan quién es la guía de
mi vida al lado de Dios por tu religión y que amaré igual.

El adiós a la mamá de Marco   25-02-23

Qué duro y doloroso es ver que la persona a quien
le has dado respeto y atención por ser la madre de
nuestro Yerno y que debido a cirugía en el corazón
ha fallecido y que después de una vida muy difícil
para ella pero que siempre mostró dedicación
y respeto a sus hijos y que por una cirugía se ha ido
la verdad qué doloroso y más cuando hace pocas
semanas la vimos por última vez en el cumpleaños
de nuestra nieta que también era de ella y que ninguno
esperábamos que tuviera un desenlace tan doloroso
por su fallecimiento y que nosotros nos hemos unido
al dolor de su pérdida y por lo que nos platicaba de su
vida que fué muy difícil pero que nunca dejó de
luchar por sus hijos por eso al verla en ese ataúd fue
muy doloroso y con deseos de llorar por ella que se
portó muy bien con nosotros, por eso su ida nos ha
dolido a la vez, el ver y recordar cómo nos platicaba
de sus hijos, algo que hoy nos ha dolido mucho la
tristeza que en ellos está por la pérdida de su mamá
y quisiera o no yo sentí las ganas de llorar por su
gran trato que siempre nos dió, que por eso nunca
podré olvidarla y menos en su última visita a nuestra
casa.

Odios y venganzas   26-02-23

Qué difícil es pensar que a uno den crédito
o felicitaciones por lo que uno hizo de niño, joven
o adulto en especial por el rencor que uno se ganó,
que es fácil para uno aceptar que no solo sea rencor,
sino un odio profundo y es cuando veo que mucha
gente no acepta reconocer sus errores y que fueron
muy odiados y que por eso creo que el deseo de
vengar la burla o la mentira que le hicieron a uno
eso sí no es reconocido por eso se me hace tan
difícil que no se acepte el daño que a uno le hicieron
y que dá tanto coraje que por eso he visto muchos
crímenes que han sido por venganza porque el engaño,
robo, violaciones de derechos y tantos motivos que
se vieron en detalle el daño que a uno le hicieron y
que ese puede ser el principal motivo de ir a dar hasta
la cárcel, inclusive en los empleos que se pueden ver
como un robo de ideas, proyectos, valores y tantos
que el coraje es igual que en todos los motivos que
por esos motivos lo engañaron, robaron o se burlaron
de uno y cómo evitar la venganza es el principal de los
pensamientos a examinar y ver que a veces es mejor
por cubrir el daño que uno no puede vengarse por las
consecuencias que se tendría.

¿Llegué a la vejez?   26-02-23

¿Aceptar que a la vejez he llegado? Claro que sí lo he
aceptado, poco me falta para cumplir la edad de la vejez
total, sí la de llegar a los 80 años y continuar en esos 80 es
lo que la vejez me enseñará lo que y cómo vivir, porque en
mi niñez sí aprendí tanto por la soledad y la forma de mi
vivir que fué cuando la orfandad me empezó a dar por no
ser un hijo deseado y las enseñanzas las empecé a los 4 o 5
años al vivir con la soledad, saber que para comer no era
esperar sino buscar qué comer porque a mí no me daban
de comer como a todos los niños de mi edad y fué por que
estábamos como extraños en la casa de mi abuela materna
y luego en un orfanatorio donde mi madre me dejó y ahí
el convivir era como una cárcel y me trataban como un
huérfano y así aprendí a defenderme pero en mi soledad
y desesperación me provoqué una pulmonía patinando en
la lluvia por mi tristeza y soledad que por los efectos de la
misma después de una semana me tuvieron que sacar de ahí
pero por el estado de mis pulmones que la cubierta tenía agua
y tenía que ponerme en el sol para que se secaran, gracias a
mi abuelo paterno que por una boda de una de sus hijas nos
llevó a su casa en Morelia y la educación de él hacia nosotros
fué tan maravillosa por dos años hasta que mi madre nos llevó
a la ciudad de México como secuestrados, pero para mí una
clase más para aprender a vivir en la calle porque no me quería
en su casa su nuevo marido y fué la manera de sobrevivir para
mí porque empecé a trabajar de peón o lo que fuera para así
poder estudiar primaria secundaria y preparatoria y como se me
presentó la oportunidad de estudiar para Oficial de Marina me
inscribí en la H. Escuela Naval Militar y sólo pude estar 3 años
maravillosos por los desfiles, viajes de prácticas por medio

América y como no era difícil de entender también ahí me trataron mal y reprobé 4 materias y me dieron de baja lo que me permitió tratar de estudiar para Ing. Mec. Elect. pero tampoco lo logré pero eso me ayudó a comenzar una serie de empleos que si no fueron lo máximo sí me sirvieron para venir a trabajar a USA porque no tuve la oportunidad de desarrollar un buen trabajo en México, pero eso me ayudó a desarrollarme para mi vejez en la que ahora vivo en cierta forma feliz.

Mi gran amor que eres tú   26-02-23

No dejo de amarte y envolverme en tu amor,
que me haces sentir la dicha de tener un amor como tú,
horas enteras a tu lado que no dejo de admirarte por tu
belleza y tu gran amor que hacia mí me das, y de verdad
por lo que siento que nunca me enamoraré otra vez, porque
tu amor es tan sagrado y enorme que no hay ninguna duda
en mí por ti y que ha habido el amor por ti y con la música
me encamino a disfrutar de tu amor ante tantas canciones
que parecen escritas para ti o por tu grandeza y hoy en mi
pequeña mente las oraciones por ti brotan continuamente
para que nada te afecte a ti porque yo deseo y anhelo tanto
tu vivir para que me haga mi vivir y disfrutemos de nuestra
alegría de amarnos por siempre y en especial por el amor
que a mí me das, que yo no deseo tener temores por ti
sino una vida llena de amor como lo hemos tenido por años,
que leer las condiciones por las que debemos vivir y amarnos
es el mejor paso que daremos cada día, porque es el amor que
nos hemos profezado tú y yo lo que no tiene nada que lo
impida realizarse día con día con tu dulzura y bienestar que
me das y tú misma te das y que el cielo ilumine nuestro vivir,
por lo que no debemos dudar de nuestro amor y felicidad.

El concierto de A. Bocelli en NY   27-02-23

En el año 2000 Julio 4 se realizó un concierto
por Andrea Bocelli algo que me llenó en esos
momentos de tantos sentimientos inolvidables,
por lo que cantaron él y Ana María Martínez,
como fué la Doma Inmovil o la de Ana María
madam buterfly pero lo que a mí más me
impactó es ver lo que se le llamaba las Torres
Gemelas ahí en Nueva York que en un año y
dos meses después serían derribadas por el
estrellamiento de dos aviones secuestrados por
terroristas y los aviones llevaban pasajeros que
murieron ahí además de que en los edificios
murieron más de 3000 personas con la total
destrucción de los edificios cosa que a mí me
llenó de tristeza y temor por esa tragedia que
además fueron un total de 4 aviones estrellados,
y en el concierto una de las canciones que me
gusto fue la de Vitava Moldau y el ver los veleros
me hizo recordar mis viajes de prácticas de la
Escuela Naval porque ahí grabaron varios veleros
por lo que para mí fué una de las piezas musicales
más inolvidables y por la filmación de las torres
gemelas cuando en el fondo estaban muchos edificios
también y también que a los veleros les dieron el saludo
con los cañones que estaban a un lado del paso del Coast
Guard pero para mí lo más notorio fué las veces que se
ven las torres gemelas y claro lo que cantaron Andrea
Bocelli y Ana María y otros, fué magnifico e inolvidable

porque a mí me lleva a la nostalgia y la tristeza por los recuerdos de ese año 2000 en que me sentí muy realizado por las graduaciones de mis hijas en las Universidades en USA y los adelantos que tuve en mi empleo en AMTRAK en especial por la serie de cursos que me mandaron a tomar en la Fábrica de locomotoras de General Electric y en los talleres de AMTRAK en Wilmington De.

Dar amor sin obligación   27-02-23

Los hermosos días que tenemos para recibir amor,
porque en ese amor conlleva hasta sacrificios por uno,
porque quien nos ama es capaz de sacrificarlo todo,
porque para que nos amen vemos que sacrifican hasta
su alegría, porque no podemos ir por la vida dañando a
a los demás, que en este mundo tenemos toda clase de
obligaciones para quienes amamos tanto y principalmente
a nuestros hijos, que nuestro vivir tiene la obligación de
dar felicidad, pero nunca sacrificios que sean necesarios
para la tranquilidad de los nuestros, para que ellos no sufran
por nuestra cobardía, porque si al mundo hemos traído seres
debemos siempre luchar por la tranquilidad de sus vidas y no
olvidarlos, porque no podemos ser tan egoístas ignorándolos,
porque ellos como su madre quien es el amor de nuestra vida,
nos lo dan por amor pero no por obligación, que nos dan amor
porque nos aman y si la destrucción de una familia existe,
es porque uno es tan egoísta al no querer dar el amor que se
recibe con tanta pasión y nobleza sin rencores, que por eso sí
entendemos que si nos aman ha sido porque nosotros lo hemos
buscado para amar eternamente y si no lo hicimos no se debe
hacer solo por placer, dar amor a quien amor nos da es amarnos.

Las enfermedades y complicaciones   27-02-23

Cómo confiar que puedo estar bien a pesar de la diarrea,
diabetes, cáncer que padecí, aneurisma en la vena aorta,
hígado con colesterol, todo lo que no sé ¿El porqué?
y como controlar tanto problema, ya que mi Doctora me
dice que lo trate porque para ella lo que estoy pasando
no es tan grave que a mi edad es muy posible tener muchas
complicaciones porque el cuerpo no tiene las suficientes
defensas, por lo que hay que ayudar con medicinas si no
de alto contenido medicinal, pero la verdad no es tan fácil
estar con los problemas vivos de los malestares, que le
hacen a uno sentirse muy débil, trastornado por las diarreas
por lo que veo que continuar viviendo con estos malestares
no creo que para mí sea fácil de soportar y lo único que
tengo que hacer es continuar con las medicinas que tengo
recetadas y pues para mí no hay opción más que tomarlas
y no olvidar tomarlas, para que reduzca los problemas que
dan las enfermedades que padezco lo que me hace pensar
cuánto tiempo me quedará de vida para ver qué es lo que
puedo vivir.

La vejez y el final de uno   27-02-23

Llegar a la vejez puede ser la entrada al final,
sí de la vida de uno, pero yo no dejo de pensar en
el amor de mi vida que tanto he amado y que sé
que no es fácil dejar de pensar en el final de mi
vida, cosa que también es muy difícil de resignarse
a lo que estoy viviendo pero que no hay más opción
por lo que si tengo proyectos debo tratar de terminar
todo lo que tenga porque pienso que como estoy no
hay más que hacerlo, porque dejar de convivir con mi
familia y que no me quede otro camino que el seguir
conviviendo con ella, mis hijas, mis nietos y biznieto
así como compararme con todos mis familiares que se
fueron de esta vida y que me dejaron tantos recuerdos
que cuando viví con ellos no veía todo lo que sufrieron
y que los llevó a la muerte por lo que al recordar me
siento en la misma situación en que los ví en los últimos
tiempos que conviví con ellos y así me hace sentir el
valor que uno debe vivir en estos tiempos de final de la
vida.

¿Me amaras para casarnos ya?   28-02-23

El rezar por ti es mi mayor oración a Dios,
porque por tu vida ruego porque sea lo más
feliz para ti que te he amado y tú lo has dudado,
y es mi mayor pecado por no convencerte con
todo el amor puro que por ti tengo, porque tu
para mí eres como un ángel pero sí deseo con
todo mi corazón saber porque no crees en el
amor que por ti hay en mi corazón que ha sido
lo más grandioso de mi vida y ha sido lo más
fuerte en mis pensamientos en cómo saber si
deseas casarte conmigo porque yo solo a ti te
amaré por el resto de mi vida y por eso yo te
suplico me digas porque no crees en mi amor
tan intenso por ti, porque mis sueños de una vida
a tu lado son grandiosos, porque toda una vida
tendrá la oportunidad de ganar el cielo para toda
la eternidad, por eso te insisto hoy y siempre
cuales son las condiciones que deseas exigirme
para lograr tu amor, porque si aceptas casarte
conmigo ya la casa la tengo completa para que
podamos tener la vida que tú elijas y deseés
porque yo con todo el corazón es lo que más
anhelo de ti, te amo con todas mis fuerzas y le
pido a Dios tu aceptación a mí.

Amarte otra vez   28-02-23

Déjame tratar otra vez y haré hasta lo imposible
por regenerar mi vida para tu tranquilidad, que deseo
con toda mi alma verte una vez más sonreír, que si
mi trato a ti te amargó tu vida rezaré porque mi cambio
sea verdadero y leal a ti porque mi corazón siempre ha
estado iluminado por tu amor y nunca pensé que podría
dañar tus hermosos pensamientos que son inolvidables
y que han hecho de mi vida el placer y el amor que por
ti he recibido de ti, que por eso amor mío no entiendo
porque hay tanto rencor hacia mí, piensa que para mí es
difícil olvidarte y menos ese amor tan apasionado que
me has dado que realmente es y será siempre para mí
vivir tu dulzura de amarme, créeme es imposible ya para
mí olvidar tanto amor que me diste que hoy no entiendo
cómo ha sido posible que hoy me guardes tanto rencor
que por tus palabras son como un océano de rencores
hacia mí que siento que hoy ya no habrá un amanecer en
que me ames y por eso hoy te ruego ante Dios tu perdón
que yo seguiré tus consejos de cómo convivir a tu lado
compréndeme, para mí solo la muerte te podrá sustituir
por el amor que yo he sentido por ti perdón, perdón de
rodillas te lo imploro.

Las Universidades y AMTRAK   28-02-23

Observando la luz de la luna en el espacio veo
que es imposible olvidar tantos momentos
de amor y de trabajo porque el amor
que de ti recibía era lo más importante e
inolvidable que me dabas y que al pensar
en esos momentos cuando trabajaba era una
forma de sentir tu amor como gratitud por la
vida que logré crear por ti y nuestras hijas por
lo que hoy el recordar ambas cosas me llena de
grandes momentos porque a mi mente regresa
esa emoción tan grande que es imposible
olvidarla porque en el trabajo las emociones tanto
de reparar trenes de pasajeros eran tan importantes
al ver que los trenes que reparé y autoricé su partida
eran una gran emoción y que a la vez cuando a la casa
regresaba del trabajo el encontrar los logros que mis
hijas tenían en las Universidades de Los Angeles Ca
que me hacían pensar en lo orgullosos que nos
sentíamos de ellas y cuando nos platicaban de sus
tareas escolares en las Universidades nos hacían
sentirnos más orgullosos por sus logros de estudiantes
que obtenían y yo sentía alegría y también de mi trabajo
en los Ferrocarriles de pasajeros de AMTRAK

Encontrar tu amor en mi juventud   01-03-23

En mi inolvidable juventud te encontré con tu
belleza y dejaste inocentemente que a ti mis
pensamientos se volcaran para nunca poder mirar
a nadie más porque tú eras la más hermosa mujer
que eras tú y que con tu primer beso sellaste mi vida
para sólo amarte a ti, porque me hiciste saber después
de aquel beso que sólo en ti y en mi la felicidad iba
a ser intenso y eterno que por eso tú estabas segura
que nunca me volvería a enamorar de nadie más
porque en tus besos era lo que me fuiste creando
en mi ser solo tú y dejarme envolver por tu hermoso
y eterno amor tan apasionado que nunca olvidaría,
que tú y yo no éramos un juego del amor para separar
nos fácilmente, que nunca, nunca me dejarías porque
me amaste como a nadie en tu vida que tu inocencia
de mujer te hizo fijarte en mí semanas y días antes del
primer encuentro y el primer beso que tanta ilusión
tenías porque nos lo diéramos y hoy a Dios le pedimos
nos dé el camino a amarnos y cubrir nuestras vidas de
un amor apasionado del que nunca podamos dejarnos
de amar.

La dicha de encontrarte 01-03-23

Eras una extraña para mí pero cuando tus ojos
ví me enamoré tan fuerte que no paré de buscarte
tantas veces para enamorarte, que con tanta ilusión
me empecé a formar en mi soledad el enamorarme
porque en toda mi vida ninguna mujer me había
hecho enamorarme, que al cielo puedo agradecer
el haberme enamorado de ti, también por mis hijas
hoy siento que las estrellas y la luna mi camino lo
han iluminado, porque ellas como yo han sentido
que por ti se iluminarán para que nada en nuestras
vidas debemos ocultarnos que por eso nos han dado
la iluminación que como hoy siento haber encontrado
el amor que me iluminaría porque esta dicha tiene
un precio celestial que por eso nos han iluminado,
que siempre al caminar por tus calles fué donde te ví
que nunca en mi vida había sentido tanta emoción
al encontrarte, que fué la única forma para mi corazón
para amarte al encontrarte, que nunca debo dejar de
regar este camino con rosas para encontrarte porque el
no regar tu camino de rosas y gardenias no te encontrare,
que nunca debo olvidar que el cielo nos abre el camino
al gran amor que por más que busqué no encontraba el
camino a ti y hoy la vida con ese beso tuyo la vida será
tan feliz que cuando sientas mis labios besar los tuyos
veremos el camino a ese amor que deseé encontrar en
en mi camino siempre por la dicha que tendríamos al
amarnos y haber tenido los ángeles de hijas que tuvimos.

El clima invernal raro en California   01-03-23

Vientos huracanados, tormentas de lluvia y fuertes
nevadas extremas así como fríos que yo no había
sentido en los 37 años que llevamos viviendo en
Los Angeles Ca. Y aunque veo que en las noticias
dicen que se sintieron igual en 1989 y que ya
vivíamos aquí veo que no dicen de cosas reales es
porque yo no había sentido todo en la forma que
está sucediendo aquí que para mí lo más cierto es
que estamos pasando el clima que las regiones en
Canadá se sentían en estas fechas pero no pasaban
aquí en el sur de los EEUU lo que me hace pensar
de que no hablan ni mencionan como es el cambio
climático que se pudo haber originado por el movi
miento de la Tierra porque en muchos comentarios
de lo que estamos pasando no mencionan por nada
el movimiento de la Tierra hace poco tiempo que
para mí es la principal causa, y que lo que está
pasando en 37 años aquí yo no lo recuerdo igual,
claro que en el resto de los EEUU los tornados,
nevadas y que han sucedido desde el Estado de
Texas hacia el norte y todo el centro del país así
como las costas del Noreste y yo no entiendo por
que no dan una explicación más amplia.

¿Música profesional?   01-03-23

Escuchar las canciones de los años más impactantes
que lo llevan a uno al romanticismo i que para mí no
puede haber comparación entre la música de los años
de los grandes compositores como Johan Straus y
tantos que compusieron verdaderos conciertos que
fueron inolvidables y que si a través de los años los
músicos y cantantes profesionales empezaron a
componer más popular pero que también era una
forma depara cantantes de Opera se hicieran famosos
por las canciones modernas de su época las cantaron
en conciertos de Opera que cuando los escucho no
quiero dejar de escucharlos y busco los conciertos
que cantaron como Grace Moore, Carúso, y tantos
como Lawrence Tibbet y otros como Frank Sinatra
Burt Bacharach tantos cantantes que cantaban música
muy profesionales pero también muy románticas que
entre música de Mozart que todas esas piezas
musicales son bastante hermosas para pasarse horas
escuchándolas tanto música como a verdaderos
cantantes profesionales que a mí me llevan a la
composición de poemas y pensamientos de amor
y tragedias como las canciones de películas como
An Affair to Remember tantas que difícil es mencionar
todas las que a mí me gustan pero no las modernas.

Las tormentas de lluvias y nieve   02-03-23

Me atemorizan los estragos de fuertes tormentas,
así como fuertes nevadas y que estas últimas son
más graves los daños que dejan, en especial en la
mayor parte de los Estados Unidos porque han
provocado cierres de carreteras, calles y lugares
poblados donde las fuertes nevadas casi sepultan
las casas en los lugares poblados, en montañas o
en terrenos que por su altura son bañados por las
fuertes nevadas que también deja las casas y las
calles así como avenidas completamente con una
cantidad de nieve que impide salir a caminar o
manejar el carro por la cantidad de nieve que cae,
todo esto lo estamos viendo en Los Angeles Ca.
cosa que aquí no se había visto así como también
en los Estados como Arizona, Nuevo México,
Texas y estados al sur de los EEUU lo que ha
provocado una fuerte crisis tanto económica
como de salud ya que impide que la gente pueda
salir a trabajar, comprar alimentos y hasta
medicinas así como ir a visitar a los Médicos
por lo que la gente está sufriendo mucho por
las tormentas de lluvias y las nevadas por lo que
el Gobierno está trabajando para ayudar a mejorar
la situación que se está viviendo.

Luchar por tu amor ahora 02-03-23

Estamos pasando por una situación caótica,
y yo no puedo dejar de amarte y desear verte,
pero mi trabajo me impide ir a verte por las
condiciones del tiempo que yo espero con todo
el corazón que no me dejes de amar y necesites
mis visitas a ti que como te digo por mi amor
estoy llorando y rezando por poderte ver para
amarte con toda la pasión con que tú me has
amado hasta hoy y que por eso hoy quiero pedir
formalizar nuestra boda para así amarnos y
vivir toda nuestra vida amándonos eternamente,
que como te he demostrado mi amor por ti es
demasiado intenso y con el afán de que sea
eterno por eso hoy que estas condiciones me
hacen luchar más intensamente por ti por mi
gran temor que es el perderte y que por estas
condiciones es muy peligroso salir tanto a
trabajar como a estudiar y tantas partes que
son necesario de asistir o ir también, para mi
es un grave peligro salir a trabajar y recorrer
el camino de mi casa a mi trabajo y todo por
la fuerte lluvia o nevadas, pero por el amor
que yo te tengo no temo cumplir con mis
obligaciones que como te digo hoy toda mi
lucha será casarme contigo y todo lo que hare
será para que tu no me rechaces y puedas ser
muy feliz a mi lado con amor.

Un poco de mi Historia　　　03-03-23

Provengo de una serie de familias de todo tipo,
por un lado de una familia de la nobleza Española
que sufrió grandes estragos con la muerte de mi
Bisabuelo y la locura que le dió a su esposa y lo que
pasaron y que en Cuba después de su muerte pidió
que un trabajador sacara de Cuba como si fuera su
familia a su esposa y sus dos hijas que de las dos la
mayor era mi Abuela paterna, luego en el otro lado
mi Abuelo paterno que venía de una familia grande
pero que su Papá era Abogado y mi Abuelo también
fué Abogado y que su mamá era descendiente de la
familia de los primeros Presidentes de México como
fue el lic. Benito Juárez y la esposa de mi Abuelo que
era la hija mayor que trajeron de Cuba su mamá era la
Esposa de mi Bisabuelo y que las trajeron con
papeles falsos y por el lado de mi mamá que se casó
con el hijo mayor de mis Abuelos y que ella era hija
por el lado de su Padre de familia de origen Español
Italiano y otros, que su mamá era hija de un Abogado
que trabajaba para la Iglesia Católica pero también
primo hermano del General Lázaro Cárdenas del Río
que fué Presidente de México y que las mamas de los
dos eran hermanas así como de otras hermanas que
también tuvieron hijos como el Arzobispo Primado de
México y así con esa historia mis Padres se casaron
y nos trajeron a esta vida y que no fué un matrimonio
ideal.

Pedir tu gran amor   03-03-23

No seré yo el mejor amigo tuyo para pedir tu amor,
pero te juro que entre todos los hombres que
conozcas nadie te podrá ver como yo te veo que para
mí eres una verdadera Diosa del amor que nunca he
visto, no digo conocer sino ver y yo nunca he tenido
a una mujer como te veo a ti que tan perfecta eres,
que cuando te veo, te oigo, mi corazón se agita tanto
que me haces sentir lo que te expreso, siento, pienso
que te amo sinceramente que quisiera enviarte flores
todos los días para que me tomes en cuenta porque
es lo que para mí significas que tu aroma y tu piel
es como la de un millón de gardenias, que he de luchar
porque me escuches cantarte todo lo que a ti yo te amo,
que cuando aceptes hablar conmigo pagaré por que
lancen cuetes y luces al cielo por la alegría que me dará
que me permitas pedirte tu oportunidad de demostrarte
mi amor para que me digas que sí te podré amar como
tú a mí e hincado te juro que lo haré para rogar por tu
amor porque te insisto para mí eres la mujer más hermosa
y especial del mundo, te ruego ojalá sea pronto cuando
la oportunidad me des de hablar contigo y rogar por tu
amor y que cuando sea ese día iré a ti con un gran ramo
de flores.

Un reclamo a la vida   03-03-23

A la vida le reclamo mi historia,
porque desde que nací me torturaron tanto,
como un hijo mal nacido pero mi romanticismo
me ha hecho ver la vida como es, que todo
depende de cómo nacimos, quien y porqué
nos trajeron a esta vida que como para mi ha
sido tan cruel que solo una persona fué capaz
de destruir nuestras vidas y que difícil es negarlo
por las consecuencias que padecimos mi madre
y nosotros que aún los daños siguen aumentando
porque la herencia que nos dejó fué su maldad
en sí, ya que 2 de sus hijas eso han sido, nuestra
desgracia por haber heredado su maldad que es
difícil describirlas pero que yo he tenido encima
la maldad de ese ser maldito que nos trajo al
mundo en medio de sus borracheras y su maldad
y que también en medio de ellas mató 4 de sus
hijos que ante esa maldad se me hace tan difícil
decir ¿Qué yo soy muy feliz por haber nacido en
esta vida que tengo? para mí fué siempre un gran
tormento hasta que me casé.

Mi abuela Margarita tan adorada   05-03-23

En mis pensamientos recuerdo la mañana en
que mi madre me dejó en un Orfanatorio que
para mí después de que me dejó, la tristeza y
el llanto lo tenía todos los días hasta después
que me provoqué la pulmonía al estar ahí por
más de dos meses y cuando desperté después
de estar casi una semana inconciente por la
pulmonía y que por que las cubiertas de los
pulmones se me llenaron de agua, mi madre
tuvo que sacarme de ahí llevándome con su
madre para que ella me pusiera en el patio con
el sol en mi espalda, afortunadamente mi Abuelo
paterno nos llevó a Morelia para la boda de su
hija Graciela lo valioso fué que ahí mis recuerdos
se concentran en los dos años maravillosos que nos
hicieron pasar con mis dos Abuelos y el recordar
el cariño que nos daban, mi Abuela principalmente
con tanto cuidado a mí y las atenciones tan cariñosas
conmigo que hoy recuerdo cómo pintaba sus cuadros
tan perfectos que la hicieron muy famosa en su tiempo,
luego cuando tocaba música que ella tocaba cualquier
instrumento como el piano, violín, el arpa y otros con
facilidad que creo tanto amor a ella y fué la parte de
mi niñez más feliz que hoy las lágrimas me brotan fácil
cuando la recuerdo y que una película An affair to remem
ber me hace ver que así como en la película al actor lo
recibe su Abuela con tanto cariño y así me trataba ella
durante el tiempo que estuve ahí de niño y luego de adulto
también como en la película tocando el piano la Abuela,
y es y será un hermoso recúerdo que tengo.

¿Porque tu desamor?   05-03-23

Cuánta tristeza siento hoy con tu desamor,
yo que tanto expuse ente ti para que vieras cuanto
amor yo te tenía y hoy me siento perdido en esta
vida, una vida que hoy la veo inútil por la falta de
tu amor y que hoy no sé cómo debo vivir porque
fuiste tú lo mayor de mi lucha por vivir útilmente
porque yo quería que tú estuvieras segura de mí
pero tu indiferencia hoy me está destrozando mi
vida de la cual hoy no sé qué es lo que será de mí,
tantas veces que a los cines íbamos para poderte
besar incansablemente y es lo que hoy no puedo
aceptar tu rompimiento conmigo si tú sabes que
yo te amo por sobre todas las cosas, que yo mismo
no sé qué haré en mi futuro, porque tú sabes cuánto
empecé, a crear para poder casarme contigo y hoy
cómo me gustaría poder saber el porqué de tu frialdad
y tu desamor, cuando a mí me está acabando, ya que tú,
tú vales lo que a mi vida se ha fincado en ti, habla,
te lo ruego, qué es lo que te ha hecho acabar conmigo,
cuando tú eres como te digo lo más ideal para mí,
te ruego, te suplico no terminar con todas mis ilusiones
que tanto formé para ti, todavía tenemos tiempo para que
aseguremos todo lo que hemos hecho para nuestra familia,
por favor yo te lo suplico cambia y ve lo que te ruego.

Cáncer en niños   05-03-23

Me quedo paralizado cuando oigo los comentarios
que sobre niños hacen porque el cáncer los ha atacado,
y que cuando requieren cuidado extremo y en algunos
casos los Padres que están al lado de sus pequeños que
han sido atacados por cáncer que nos indican lo que
están sufriendo por los estragos del cáncer, pero que
para mí algo que me es difícil compartir es la idea del
aborto, porque si tanto dolor expresamos por nuestros
bebés que padecen cáncer yo les pregunto
¿Por qué piden el aborto? Y no entiendo porqué
piden eliminar ese ser que ha sido concebido, que
sí hay razón cuando ha sido por una violación,
enfermedades venéreas, hereditarias que al nacer
ese ser pueda morir posiblemente rápido o padecer
los efectos de esas enfermedades mortales, lo que
eso y otras causas mortales pueden padecer madre e
hijos para lograr el aborto, que para mí debe ser decidido
por Doctores pero no puedo ver que las mujeres pidan
el aborto nada más porque no quieren continuar la
la vida de ese ser que han concebido y que no dicen
como fue, difícil es por supuesto opinar que hacer
porque mucho dolor dan los niños que padecen cáncer
pero nada decimos por esos bebés que ni siquiera
tuvieron oportunidad de vivir y sí de ser abortados.

Tener tu amor tan sincero   05-03-23

Hoy me puedo resignar a todo porque yo te he amado,
amado siempre sin ninguna queja y sí con amor ese
amor que siempre te he tenido desde que te ví por
primera vez y que al aceptar mi amor me dediqué a
ti por completo porque yo no soy como la lluvia o el
aire que va y viene y que cuando encima de nosotros
están el frio y la lluvia nos acosan y la huída de ellos
porque no deseamos caer enfermos por la lluvia o el
aire frío, porque nosotros siempre nos dedicamos a
quien nos ama y cuida en esta vida que no hay forma
de arrepentirnos porque nos hemos enamorado sin
hipocresías profundamente y que como yo contigo mi
premio más grande será cuando tu amor se una a mí
para nuestras vidas eternamente, porque yo lo siento
que nadie nunca se pareció a ti con tus principios y tu
belleza tan increíble, yo no me arrepentiré nunca de
haber abierto mi vida a ti y que siempre estaré al día
con tu amor que para mí sé que será lo más inquebran
table por tu sinceridad y que tu amor no hay forma de
explicarlo porque es tan sensual y hermoso porque tus
besos encienden mi corazón al amor, al cielo doy gracias
por tu amor tan apasionado y real que ha sido para mí lo
más increíble que a mi vida ha llegado con tanta luz y
sinceridad que no puedo arrepentirme de tenerte.

El actuar del ser Humano   07-03-23

El no haber aprendido a saber cuál es nuestra labor
pienso que en toda mi vida no aprendí nada de lo
que debía, como no aprendí a cantar, crear música
pero si a escucharla, el haber aprendido a conocer
y seguir la música me hizo casi poeta, escritor,
porque hoy veo que cuando música escucho mis
sentimientos se encaminan a quien amé tanto,
también mi madre me enseñó a orar a Dios y que
cuando su música se toque pidiéndonos obediencia
a sus leyes y orar cada momento que nuestras
pasiones nos traicionen, porque aprender a lo que se
refiere la mala conducta, es la mayor enseñanza que
nos guía a su gloria porque no se puede ni se debe
vivir blasfemando u odiando, maldiciendo y tantas
malas acciones que como animales actuamos, que
debemos obedecer que somos seres inteligentes que
sabemos cuál es la bondad y la maldad, que actuemos
como corderos de Dios porque de esta manera nuestra
vida puede ganarse el camino a la gloria de Dios
porque hay que entender que todos esos seres que
actuaron malamente matando gente, cometiendo toda
clase de delitos, que es necesario actuar siempre como
lo que somos hijos de Dios que la maldad y los pecados
no deben ser nuestro actuar que sólo el bien debe guiar
nuestra vida.

El más grande amor que fuiste tú   07-03-23

Dónde estás que no te he podido encontrar,
a ti que tanta dicha viví contigo y con amor,
qué tan simple podrá ser que me digas donde
encontrarte, porque en mis memorias estás tú
viviendo conmigo, que todo me hace recordarte
que con un pequeño dato te podré encontrar
porque como te digo, en mi memoria están los
caminos que siempre me llevaron a ti y que el
placer de amarte siempre ha estado en mí que
yo no he podido olvidar donde nos amábamos
con tanta pasión, que yo siempre te pertenecí
por el gran amor que entre tú y yo existió porque
así me lo diste y que ahora yo no encuentro el
camino que me siga guiando a ti, háblame tú me
conoces perfectamente y sabes cómo encontrarte
me hinco a orar porque me lleves a ti que tanto te
amé, que fué el más intenso amor que en mi vida
y que fuiste tú, por eso te sigo implorando porque
me indiques el camino a ti recuerda cómo bailábamos,
cómo en el mar nadábamos, como viajábamos por el
país, yo te sigo amando como en aquellos tiempos
que tanto disfrutábamos, yo no quiero saber que tu
no quieres volver a verme porque tú fuiste el mejor
amor apasionado que me dió la mayor alegría en
esta vida.

El virus del Coronavirus   08-03-23

Noticias que nos siguen impactando
hoy dicen que a los laboratorios de China
se les escapó el virus del Coronavirus y lo
que a mí me llena de coraje es saber que eso
provocó la muerte de varios millones de gente
por todo el mundo y que a varios los dejó con
problemas que les afectaron a sus habitantes
como la respiración por el daño a los pulmones
y a otros, problemas mentales y tantos problemas
que hoy los Médicos no saben cómo curarlos
y también a los Médicos (as) y enfermeros (as)
que trataron y atendieron a tanto paciente en el
principio del virus, porque como todavía no había
vacunas ellos se contagiaron y el saber a cuántos
les afectó es difícil saberlo, pero lo más difícil de
aceptar es que China no ha querido aceptar su
responsabilidad y que de esa forma se compense
económicamente a quienes perdieron familiares
por el virus, pero claro cómo se tienen tantos
problemas China no reconoce ninguna culpa y
la gente en el mundo sigue sufriendo con el virus
y los males que la gente está sufriendo.

Mi amor por ti sin ti   08-03-23

Cómo podré adaptarme a tu abandono a mí que
tantas ilusiones creaste en mí, que llevo años en
esta soledad, que fuiste el más grande amor y tú
grabaste en mí tu gran amor por mí, que hoy no
entiendo si tanto brillaba tu amor por mí, que hoy
es tan amargo vivir sin ti, porque para mí tantos
momentos a tu lado que hacías que mi corazón
palpitara agitadamente con tus besos, besos que
bajo la luz de la luna me dabas y me transportaba
al espacio, que a mi imaginación abría con tu amor
y tus besos que hoy no puedo vivir sin ti que deseo
tanto volver a nuestras noches de amor, que mi
corazón revivía más cuando primero bailábamos
a la luz de la luna y luego tu amor tan intenso que
como te digo al cielo me transportaba y luego de
darnos los momentos tan inolvidables de tu entrega
a amarnos que me hiciste pensar en cada día, cada
noche que tu amor me entregabas y que por eso hoy
trato de buscarte hasta el rincón más lejano que hayas
partido, porque yo ya no sé vivir en este mundo sin tu
amor, dame tu mano y llévame a donde estás, te amo,
te amo como lo único que podré amar realmente en esta
vida que hoy es tan dura de vivir sin ti.

¿Adiós a ti? 08=03-23

Me dices adiós ahora que después de haber
unido nuestras almas y vidas para amarnos
eternamente y que es lo que hoy no puedo
creer que eso es lo que de mí esperas yo que
me enamoré tan inolvidablemente de ti que
a mí mismo me forcé a vivir sólo para ti,
mírame, ve como mi ser solo a ti le pertenece
que mis caminos han sido para amarte solo
a ti que yo no puedo pensar en dejarte en el
olvido, mi vida se volvió maravillosa con el
amor que nos dimos, que para mí la idea para
que sea hasta mi muerte, porque es lo más
maravilloso que pude amar y ser correspondido
por ti, que hoy en mi amor y mi ser no hay nada
porqué arrepentirme para entregarte mi vida por
que para mí no habrá un mañana sin tu amor que
siempre con tus besos y las melodías con que te
acompañas siento volar al infinito del espacio
contigo y que encontrarnos en el paraíso donde
nuestro amor se fincara para eternamente amarnos
que sin ti toda mi vida caerá en la tristeza porque
hoy para mí tu vida es mi meta para amarte hasta
mi muerte.

La alegría de amarnos   08-03-23

¡Hey! amor de mi vida, escúchame hoy,
no trates de gritarme hasta mañana porque es
hoy cuando a la gloria de tu amor me uniré para
siempre, no me dejes ir a buscarte, vive conmigo
como yo deseo vivir a tu lado hasta la eternidad
con amor, comprende que yo necesito de tu amor
y que si me dejas amarte yo lo haré con todas las
formas que mi amor por ti me indique porque sólo
yo sé lo profundo que te amo y te necesito por eso
te ruego me dejes amarte para siempre, en esta vida
déjame planear nuestras vidas a mi manera para que
nuestras vidas sea como vivir en el paraíso, que
nuestro futuro deba ser sin reproches ni arrepentí
mientos, que nuestra vida unidos no tengan como
compararnos, que nuestro amor sea tan imposible
de copiar, porque en mi manera será y lo haremos
como lo mejor que en nuestras vidas hagamos, que
es nuestra idea la de vivir con tanto amor que ni la
envidia ni la miseria podrá separarnos, que nuestro
amor tendrá tantos grandes recuerdos que las lágrimas
haremos brotar cuando vean nuestra felicidad.

A mi hija Verónica   08-03-23

Ya no puedo dejar de llorar ¡oh amada Hija Vero!,
tú que tanto luchaste por hacer de tu vida muy feliz
que hoy que de este mundo te fuiste no lo puedo
aceptar, que el tener que rezar por ti en la gloria de
Dios, que sé que siempre me culparon de las tragedias
que viviste, pero mis intenciones fueron siempre que
tu lograras tus metas, pero nunca quise que te fueras
en ese camino que tomaste que te llevó a Dios y que
no nos dejaste guiarte para tu felicidad y hoy yo no
sé cómo debo actuar si rezar, callarme, llorar por ti,
que yo no me puedo resignar a haberte perdido, cómo
aceptar si desde que naciste fuiste una de mis grandes
princesas a quien cuidar, amar y encaminar a tu gran
felicidad, ¿Qué puedo hacer hoy? Si no es el de desear
ir a ti con todo mi amor que como padre debí siempre
darte y cuidarte.

Las enfermedades en la vejez   09-03-23

Los años me están pasando muy rápido hoy
y la verdad me está acabando y la incertidumbre,
hoy me está opacando mis pensamientos ya que
no puedo disfrutar casi de nada por las enfermedades
que hoy estoy padeciendo y yo no sé cómo debo
actuar, porque aunque sé que a la edad a que he
llegado después de tantos malestares que padecí
y que tres de ellos las cirugías que me tuvieron
que hacer y claro los temores de no poder revivir de
ellas sí me impactó pero las vencí y sobreviví y hoy
a la edad que tengo que para la gente es una realidad
de mucha suerte, pero que por los mismos malestares
que hoy padezco y no encuentro tranquilidad pero sí
claro, la gente me impulsa a estar agusto por la edad a
que he llegado, la cual yo la siento como una carga muy
pesada por los momentos que por los malestares que tengo
que pasar, como no poder dormir bien, no poder caminar
fácilmente, no poder obrar bien ya sea por diarrea o por
estreñimiento y también por otras que también me provocan
dolores, pero hoy lo único que veo es continuar con las
indicaciones médicas y seguir mi vida como se pueda.

Un ruego al cielo de Dios   09-03-23

Al cielo invoco porque me escuches y me ayudes,
el escucharte hoy a casi 90 años como si estuvieras
aquí cantando atrás de mí una de tus encantadoras
canciones que para mí es una de las más hermosas
que me hace ir como te digo a mis pensamientos a
estar sentado en tu teatro escuchándote y es mi ruego
a ti que sé que estas en donde millones de seres que
partieron como tú de esta vida, una vida que también
para mí está casi por terminar y mi desesperación es
porque no deseo partir de esta vida dejando a los seres
que traje a esta vida, dejando a los seres que se queden
en grandes apuros económicos por mi culpa que todos
ustedes gozan de la estancia en el reino de Dios que
quizás les permitan poder ayudarnos un poco con algo
que nos permita vivir mejor, que sí claro yo sé que
al igual que tu Grace tuviste la mala suerte de partir
por un fatal accidente dejando a tus familiares en
el infortunio de verte morir tan cruelmente, pero tú sí
dejaste un gran legado como muchos otros que como
tú tuvieron la suerte de tener una gran carrera artística,
industrial o comercial y tantas otras por lo que yo deseo
dejar algo a los míos que les ayude a vivir bien.

Importación de animales   10-03-23

En el mundo veo la cantidad de animales,
que son cuidados para exportarlos a países que los
buscan o que animales como las gallinas, reses,
caballos y perros son de los seleccionados para
cultivarlos para ofrecerlos a los países que los
utilizan para alimento para la gente pero que en
muchos casos por las epidemias que tienen los
animales se les retiene para supuestamente controlar
los animales enfermos, pero en muchos casos no se
hacen las inspecciones bien y en algunas razas se
forman epidemias muy peligrosas para el ser humano
también y que importar animales enfermos no es la
solución para acabar con la escasez de las gallinas como
es el huevo pero que por la gripe aviar no es algo bueno
para importarlas o los perros que adquieren la rabia y los
caballos y las reses que también adquieren enfermedades
mortales que por eso las inspecciones deben ser muy
meticulosas para no propagar enfermedades entre los
seres humanos que son traídos los animales para acabar
supuestamente con la escasez de animales.

La delincuencia y las drogas 10-03-23

Cómo diferenciar cuando se dice yo amo a mi país,
y que se vive en el país que le quito todos los estados
que pudieron y que ahora el país de nosotros se ve o
bien contagiados de delincuentes y asesinos que por
todo el país se han dedicado a extorsionar a la mayoría
de la gente en el país poniéndolos a pagar el derecho
de piso y el que no lo paga, o los roban o los matan
junto a las familias del extorsionado y que como burla
se dedican esos delincuentes a exportar y traficar drogas
de todo tipo que han provocado a cientos de miles de
gente la muerte y es mi queja que sabiendo por los
rumores que las drogas están manejadas por los carteles
y que se dan entender que en el país que se supone tiene
los mejores sistemas policíacos para evitar esos tráficos
de drogas que han formado Departamentos policíacos
para combatir el tráfico de drogas y los delincuentes que
también aquí se dedican a extorsionar y robar a la gente
y que también matan a mucha gente sin que se les detenga
ni tampoco se sabe cómo se manejan las ganancias de la
venta de drogas que hacen ver a quienes se dedican a perse
guirlos como delincuentes para encarcelarlos pero en
algunos casos no lo hacen.

## El viento y las tormentas				10-03-23

Veo el viento pasar y el estruendo del mismo, por la fuerza
con que llega, que me hace temer por todo lo que en su paso
puede destruir y a la vez te admiro ya que para ti al soplar
el viento tú lo oyes como un concierto de música muy
sentimental y alegre que por eso en tu alegría no deseas que el
viento deje de pasar por nuestros rosales, porque si a las rosas
no les desprende sus pétalos, es porque sabe que es el viento
como una orquesta que canta y toca música para hacernos la
vida con sentimientos alegres y que debo escuchar los cantos
del viento que tú escuchas, los cantos del viento que también
tu escuchas y también los poemas y canciones de amor que tú
esperas que los nubarrones traigan el agua que tus rosales,
gardenias y otras flores las riegue para aumentar su belleza
y vida así como su aroma, que no deseas que yo me sienta
nervioso por la fuerza de las tormentas porque son el alimento
para producir nuestras cosechas, porque los alimentos que no
se estaban dando por la falta de lluvia, hoy son los alimentos
que nos producirán a nosotros el alimento del cual vivimos
que es la otra llave conque el viento nos da más vida y alegría
por eso ahora te entiendo, las tormentas y vientos son la base
de nuestras gloriosas vidas.

Tú la Reyna de nuestro vivir   11-03-23

Cómo poder recompensar tu gran devoción hacia mí,
de ti recibo todo lo que necesito para vivir de parte de
ti, el alimento hecho con todo el cuidado necesario que
nuestra salud nos requiere para no sufrir por ningún
alimento que no debemos comer con él, y tu dedicación
para sostener el aseo de nuestro hogar y la ropa que nos
ponemos, de nuestro hogar que tú también realizas las
limpiezas del mismo, todo limpio y en orden, que por
eso me siento bien atendido por ti comprobándome lo
que tú me amas y es precisamente saber que tú sientes que
yo también te correspondo con mis esfuerzos porque nada
nos falte no importando cuánto cueste lo que necesites o que
tenga que hacer para tenerte todo lo que necesites, yo te rogué
por tu amor para unirnos y poder vivir amándonos hasta que
nos llegue la muerte sin reproches ni amarguras y la gran
fortuna que por tu dedicación, me diste 5 maravillosas hijas
de las cuales todas han seguido tu ejemplo para vivir con
armonía ahora que adultas son y que han formado sus familias
como tú que por eso yo me siento estar en la gloria de Dios y
que a cualquiera de los dos que tengamos que partir de esta
vida la solución está pagada para que nada falte por el seguro
de vida para esa etapa de nuestro vivir y las gracias te doy a ti
y a Dios por esta etapa de mi vida que a tu lado viví.

Los riesgos de las casas y que hacer   11-03-23

Saber ante qué peligros tenemos que tratar de evitar
es mi mayor preocupación por todos los riesgos en
que vivimos como son los terremotos, tornados y las
sequías y también por la delincuencia en la Ciudad
en que se vive, y que es muy difícil en todos esos
problemas para proteger nuestras vidas, y sí sé que
debemos estar bajo las autoridades, pero hay cosas que
debemos proteger en caso de un terremoto como es cerrar
la llave del gas, abrir el interruptor de circuitos principal
de la luz, el agua, que aún en caso de un incendio son los
principales elementos que tenemos para la casa que hay que
cerrar o desconectar y haciendo lo anterior y aun en caso de
un incendio es también lo principal que debemos atender,
de la casa, también debemos proteger la casa contra los robos
cerrando puertas, ventanas, y si se tiene rejas para estacionar
los carros en el interior para que esté bien protegido todo y
así evitar que por esas entradas ingresen a robar, por eso es
primordial el cerrar todo, especialmente cuando uno deja la
casa sola por lo que se debe checar todo antes de salir que todo
esté cerrado y que si acaso es por un viaje largo se debe ver
que se desconecte la luz, cerrar el gas, el agua, lo que se pueda
por el riesgo de un problema eléctrico o fuga de gas y lo que se
pueda para que todo sea inspeccionado para que no ingresen
a robar que aunque se tenga seguro de la casa, se debe hacer todo
lo necesario para que la Aseguransa de la casa indemnice si es
robada, incendiada o dañada por terremotos o tormentas.

La vida en el paraíso de Dios   12-03-23

La música me lleva a soñar para entrar a un paraíso,
ése que siempre soñé con tener para vivir en él porque
ahí los sueños más sublimes se encuentran y en este
mundo solo tragedias, envidias, maldades, todo lo malo
se encuentra aquí, que por más que imagine encontrar
ese paraíso, solo tristeza y frustraciones con todo me
topé siempre, yo con la música me siento estar en el
paraíso y entonces empiezo a caminar con toda la
alegría que dan los seres amados que en el paraíso son
encontrados con esa alegría que siempre les deseé y que al
verlos tocar música, pintar, jugar, divertirse con la gracia
que nos da el Reino de Dios y que en ese lugar he visto y
encontrado las más grandes ilusiones, como es encontrar a
mi madre, a mi adorada abuela y abuelo y gran sorpresa
los veo tan jóvenes hasta mi madre la veo como cuando joven
la veía en una fotografía, la música que me lleva a volar por
entre tantas flores que en este paraíso al que he llegado me
llena de incertidumbre porque hasta yo me veo tan joven al
igual como ellos y mi pregunta es que veo con cierta
alegría y pasión que he llegado al paraíso Reino de Dios y que
hoy veo que será eternamente como a todos los que he visto
que aquí hemos llegado porque la vida en el mundo se acabó
y aquí empieza lo que nunca cambiará en mí porque es eterno y
que sólo debo esperar al amor de mi vida para ver cómo vamos
a vivir en este paraíso.

¿Saber o no por ignorante?   11-03-23

Qué difícil ha sido el amarte cuando tú no pareces
amarme porque en todo lo que digo o hago tú difieres
de ello, por lo que yo me siento como un ignorante
que todo lo que estudié y que trabajé en varias
empresas me seleccionaron para recibir los cursos más
interesantes porque eran para realizar mis trabajos y
que siempre tuve una enseñanza muy profesional que
hoy a tu lado siento o pienso que no supe interpretar
bien las enseñanzas que me dieron y que aún así yo
siempre encuentro las formas, ideas, la lógica para lo
que pienso, decido, ordeno, hago y tantas cosas que me
lleva a preguntarme a mí mismo porque tú difieres tanto
conmigo, qué tendré que pensar, analizar, decidir,
hacer porque como te digo no es fácil cuando lo que tú
decides hacer a los demás como tú no les gusta y que por
eso me críticas y no coincides con lo que opino como tú,
pero que en mis trabajos nunca encontré tantas diferencias
como contigo, que como te digo me siento muy despreciado
con tus criterios que también siento que son más perfectos
que los míos y que para ti no hay nada que se interprete
como una diferencia en tu amor a mí.

El amarte debe ser también compensado a ti   12-03-23

Tú como siempre dudando del amor que yo te tengo,
entiendo que tu forma de ser es muy sensible que
cualquier actitud o algo que diga te ofende y que
tú deseas que yo siga tus criterios para sentir que me
amas, que tú no eres ningún ser negativo que desde
que decidiste amarme fué una decisión muy analizada
por ti que pueden pasar 100 años y tú no cambiarás
tu análisis de mí, ya que yo sí sigo siendo igual en mi
carácter y mis pasiones por ti pero que a la vez deseo
tanto llenar en tus sentimientos todo lo que a ti pueda
mejorar mi actitud para ti porque a pesar de mi carácter
yo sí me he convencido que tú eres la mujer perfecta
con la cual me casé y que si yo no te he dado todo lo que
tú merecías por tu dedicación a nuestro matrimonio
yo sí veo que tu reuniste las cualidades para llenar nuestro
amor de realizaciones felices, que el hecho de haber visto
todo lo que nuestras hijas necesitaron y que te preocupaste
que nada les faltara y menos que algo las hiciera sufrir que
eso es el mayor trabajo para ti por lo que debo amarte más
fuerte y nunca dudar de ti en nada.

El cierre de este libro   12-03-23

La seguridad de que éste sí es mi último libro
de Prosa poética.
Y sí la emoción de que este sea mi último libro
que terminado en pocos meses que en la posible
terminación de la epidemia del COVID que le
provocó al mundo la muerte de más de 6 millones
habitantes y que también le ha provocado a millones
problemas físicos de toda clase que es el hecho actual

que el hecho de relatar nuevamente mi vida laboral y
familiar es para mí una gran satisfacción que espero
que la gente ahora compre este nuevo libro que es el
séptimo de Prosa poética y el décimo en total y que
espero les guste más por lo que en él escribí.

Muchas gracias a quien lea este último séptimo de Prosa
Poética y que con todo mi afecto y respeto a mis lectores
MUCHAS GRACIAS

ÍNDICE

Amarnos u odiarnos 1
¿Quién como tú? 2
Tú la gran mujer 3
Alabarte a ti 4
Tu amor 5
Pasado y presente 6
Abre tu corazón 7
Amarte solo a ti 8
El rincón de gloria 9
Paraíso de amor 10
Estremecerme 11
Hija nuestra 12
Nunca 13
Encontrar un amor 14
Mi amor por ti 15
La gran tragedia del COVID 16
¡Oh Madre! 17
Un Tifón 18
Tu desamor 19
En el tiempo 20
Tú una mujer angelical 21
Mi Patria 22
Lo más ideal,¡Tu! 23
Amarte por siempre 24
Mi vida laboral 25
Te encontraré 26
Vuelve y perdóname 27
¿Vivir sin ti? 28
Recuerdos 29
Tú y yo 30

Tú el más grande amor 31

Mis sentimientos 32

Septiembre de 1967 33

La familia Hurtado Mendoza 34

¿Dejarme en el desierto? 35

Tú y mis gardenias 36

Presente y pasado.. 37

¿Sueños o realidades? 38

¿Mi vivir? 39

¿El pasado alegre? 40

Mi vida de hoy 41

Resistir el vivir.. 42

Tu cantar y tú.. 43

La música y mis pensamientos 44

La música y tú..45

¿Ya no me amas? 46

Grandes reproches..47

Mi vida laboral en México y USA 48

Amor, sí pero amor infinito 49

Un amor inexistente 50

Deja que el amor nos una. 51

Viajes y recuerdos 52

Los Tangos...53

La luna 54

Encontrarte es hoy mi deseo 55

Amarte mi única meta.. 56

Amarte solo a ti 57

La maldad y el bien en un matrimonio 58

El amor en este mundo.......................................59

El amor a ti 60

La paz vuelve a mi 61

Tú y tu danzar 62

La muerte por cáncer 63

Mi vida frustrada 64

La más grandiosa mujer......................................65

Enamorarnos y unirnos 66

Recuerdos e ilusiones...67

Tú el amor más puro 68

El Angel de mi vida 69
Guerras estúpidas 70
La maldad de uno 71
Dedicarte mi amor 72
Un mundo Civilizado y en Paz 73
Encontrarte en mi camino 74
El amor que nos envolvió 75
La música y yo 76
Mi niñez 77
Mi país adorado 78
Encontrar el amor real 79
Odios incomprensibles 80
Mariela G Puente 81
Tú lo ideal 82
Te imploro amarme 83
Yo y mi vida 84
La vida 85
Tú y yo con la música 86
Septiembre 1967 87
A ti madre amada 88
Un ángel de amor 89
La gran cantante Grace Moore 90
Tu cantar y tu amor 91
Amarte con fervor 92
La vida y sus recuerdos 93
La Pandemia 94
El más grande amor de mi vida 95
¿Recuerdos? 96
La verdadera Música 97
Los vinos alcoholizados 98
Navidad 99
Mi niñez y adolescencia 100
Las mejores canciones 101
La tristeza de la vida 102
Caminaste por los cerezos 103
Lluvia 104
Una parte de mi vida 105
Madre mía 106

Mi empleo 107

Amarte solamente a ti 108

Cómo no amarte 109

Ven a mí te ruego 110

Sequías y graves tormentas 111

Yo y la música 112

La Mujer soñada 113

Tu mi mujer ideal 114

¿Una vida mejor? 115

Contigo vivir 117

¿Cantantes? 118

¿Coronavirus? 119

¿Discusiones? 120

¿Nos podremos amar? 121

Tornados, Huracanes, Terremotos. 122

A ustedes mis hijas 123

Las guerras y los asesinos 124

Discriminación 125

Federal inspector 126

Amarnos en la claridad del cielo 128

Tu mi más grande ilusión 129

Madre que en el cielo estas 130

¿Enamorarme? 131

Lo ultimó del Covid-19 132

Tu cantar madre mía 133

El mar, mi familia y yo 134

¿Dedique mi vida a mi familia? 135

Las revoluciones contra España 136

Violencia y armas 137

La música ella y yo 138

Conocerte ha sido un milagro 139

¿Incapacitado? 140

Malas decisiones mías 141

La muerte de un ser 142

Las enfermedades y las medicinas 143

Cáncer en la juventud 144

Mis poemas y canciones para ti 145

¿Nos encontramos para amarnos? 146

Yo en mis últimos tiempos...147

Tu mirada 148

Trabajar responsablemente...149

Juegos de azar..150

Amarte por el resto de mi vida 151

Ser un profesional...152

¿Deseas amarme?...153

Orar a Dios 154

Me abandonaste 155

Yo MHE 156

Guerras sin razón 157

La inmigración..158

Las flores y tu amor 159

Un viaje de prácticas en Barco 160

Terremoto en Turquía..161

Grace Moore una leyenda...162

Mi vida y mis hijas 163

Amarnos como nadie..164

Tú el amor de mi vida 165

Las enfermedades 166

Mi amor eterno 167

Ser un empleado útil 168

Los Gobernantes 169

Te espero con amor 170

La orfandad...171

Sistemas de Gobierno 172

Tú y los conciertos...173

Las necesidades sin recursos..174

Un amor verdadero...175

Las flores del jardín 176

Mi Tía Cecilia..177

Crímenes injustos...178

Gobiernos dictatoriales 179

Persecuciones automovilísticas..180

¿Amigos o enemigos?...181

La vida en el mundo 182

¿Amándonos? 183

Lluvias y nevadas...184

Tú y la naturaleza 185
Navegar con mi soledad 186
Ruego por tu perdón 187
El cáncer y yo 188
¿Revertir el pasado? 189
Mi vejez y tú 190
Los riesgos mortales 191
¿Esclavitud? 192
Mi vejez 193
Amores en la juventud 194
Te amo y tu vida es primero 195
El canto de las aves y la música 196
Los accidentes en los trenes 197
¿Ayudar económicamente a la familia? 198
Amor u Odios 199
¿Cómo cambiar mi vivir? 200
Tu amor y tu música 201
Doctores, enfermedades, medicinas y más, ... 202
Yo y mi vida infantil 203
Mis dudas sobre de ti 204
Estudiar una carrera profesional 205
Amarte con ilusiones por ti 206
La mujer perfecta 208
El adiós a la mamá de Marco 209
Odios y venganzas 210
¿Llegué a la vejez? 211
Mi gran amor que eres tú 213
El concierto de A. Bocelli en NY 214
Dar amor sin obligación 216
Las enfermedades y complicaciones 217
La vejez y el final de uno 218
¿Me amaras para casarnos ya? 219
Amarte otra vez 220
Las Universidades y AMTRAK 221
Encontrar tu amor en mi juventud 222
La dicha de encontrarte 223
El clima invernal raro en California 224
¿Música profesional? 225

Las tormentas de lluvias y nieve................................ 226
Luchar por tu amor ahora 227
Un poco de mi Historia... 228
Pedir tu gran amor 229
Un reclamo a la vida... 230
Mi abuela Margarita tan adorada 231
¿Porque tu desamor?..232
Cáncer en niños 233
Tener tu amor tan sincero....................................... 234
El actuar del ser Humano.......................................235
El más grande amor que fuiste tú 236
El virus del Coronavirus... 237
Mi amor por ti sin ti... 238
¿Adiós a ti? 239
La alegría de amarnos... 240
A mi hija Verónica...241
Las enfermedades en la vejez................................... 242
Un ruego al cielo de Dios 243
Importación de animales 244
La delincuencia y las drogas....................................245
El viento y las tormentas... 246
Tú la Reyna de nuestro vivir...................................247
Los riesgos de las casas y que hacer 248
La vida en el paraíso de Dios 249
¿Saber o no por ignorante?.....................................250
El amarte debe ser también compensado a ti 251
El cierre de este libro 252

Printed in the United States
by Baker & Taylor Publisher Services

Printed in the United States
by Baker & Taylor Publisher Services